Standard Deutsch 5/6

Leseheft · *Märchen*

Erarbeitet von Heike Seyfarth

Illustriert von Uta Bettzieche

Cornelsen

Textquellenverzeichnis

S. 4–9 Brüder Grimm, Vom Fundevogel 3. Aus: Märchen der Brüder Grimm. Beltz Verlag, Weinheim, Basel, Berlin 2007, S. 168 ff.
S. 10–16 Brüder Grimm, Die goldene Gans. Aus: Märchen der Brüder Grimm. Beltz Verlag, Weinheim, Basel, Berlin 2007, S. 156 ff.
S. 17–24 Brüder Grimm, Der Froschkönig oder der eiserne Heinrich. Aus: Wir lesen Grimms Märchen. Krone Verlag, Lünen 2005, S. 126 ff.
S. 25–30 Janosch, Der Froschkönig. Aus: Janosch erzählt Grimms Märchen. Beltz Verlag, Weinheim, Basel, Berlin 1996, S. 53 ff.
S. 31–41 Hans Christian Andersen, Der Schweinehirt. Aus: Hans Christian Andersen, Mutter Holunder und andere Märchen. Beltz Verlag, Weinheim, Basel, Berlin 1989, S. 156 ff.
S. 42–43 Regina Hensel, Wie sind die Märchen entstanden? Nach: C. Hendel (Hg.): Warum? Weshalb Wieso? Ein Frage- und Antwortbuch für Kinder, Bd. 1. Verlag Junge Welt, Berlin 1981, S. 46 f.
S. 44–50 Der Kater Wiljiki Timofei Iwanowitsch. Aus: Katzen. Fischer Verlag, Frankfurt/Main
S. 51–56 Brüder Grimm, Vom Fischer und seiner Frau. Aus: Christian Strich (Hg.), Das große Märchenbuch. Diogenes Verlag, Zürich 1987, S. 382 ff.

Redaktion: Susanne Schulze
Illustration: Uta Bettzieche, Leipzig
Umschlagillustration: Uta Bettzieche, Leipzig
Umschlaggestaltung: Visuelle Gestaltung Katrin Pfeil, Mainz
Layout und technische Umsetzung: Annika Preyhs für Buchgestaltung+, Berlin

www.cornelsen.de

1. Auflage, 7. Druck 2021

© 2009 Cornelsen Verlag, Berlin; Oldenbourg Schulbuchverlag GmbH, München
© 2018 Cornelsen Verlag GmbH, Berlin

Das Werk und seine Teile sind urheberrechtlich geschützt.
Jede Nutzung in anderen als den gesetzlich zugelassenen Fällen bedarf der vorherigen schriftlichen Einwilligung des Verlages.
Hinweis zu §§ 60a, 60b UrhG: Weder das Werk noch seine Teile dürfen ohne eine solche Einwilligung an Schulen oder in Unterrichts- und Lehrmedien (§ 60 b Abs. 3 UrhG) vervielfältigt, insbesondere kopiert oder eingescannt, verbreitet oder in ein Netzwerk eingestellt oder sonst öffentlich zugänglich gemacht oder wiedergegeben werden. Dies gilt auch für Intranets von Schulen.

Druck: AZ Druck und Datentechnik GmbH, Kempten

ISBN 978-3-06-061835-4

PEFC zertifiziert
Dieses Produkt stammt aus nachhaltig bewirtschafteten Wäldern und kontrollierten Quellen.
www.pefc.de

Inhaltsverzeichnis

Brüder Grimm: Vom Fundevogel	4	typische Märchenfiguren kennen lernen eine typische Märchenhandlung kennen lernen einfache Bilder untersuchen
Brüder Grimm: Die goldene Gans	10	fantastische Elemente in Märchen kennen lernen die Bedeutung von Zahlen im Märchen untersuchen
Brüder Grimm: Der Froschkönig oder der eiserne Heinrich	17	alte und moderne Märchen vergleichen
Janosch: Der Froschkönig	25	
Hans Christian Andersen: Der Schweinehirt	31	ein Kunstmärchen kennen lernen
Nach Regina Hensel: Wie sind die Märchen entstanden?	42	sich über die Entstehung der Märchen informieren
Der Kater Wiljiki Timofei Iwanowitsch	44	Märchen mit gleichem Inhalt aus unterschiedlichen Ländern untersuchen
Brüder Grimm: Vom Fischer und seiner Frau	51	

1 a) Lies den rätselhaften Titel des Märchens. Kannst du dir unter einem „Fundevogel" etwas vorstellen? Stelle deine Ideen zu diesem Wort in einer Mindmap zusammen.

b) Lies den ersten Abschnitt (Z. 1–17) still und prüfe, ob deine Vermutungen über den „Fundevogel" richtig waren.

Brüder Grimm

Vom Fundevogel

Es war einmal ein Förster, der ging in den Wald auf die Jagd, und wie er in den Wald kam, hörte er Schreien, als ob's ein kleines Kind wäre, und ging dem Schreien nach, da sah er endlich einen hohen Baum, und oben darauf saß ein kleines
5 Kind.
Es war aber die Mutter mit dem Kinde unter dem Baum eingeschlafen, da hatte ein Raubvogel das Kind in ihrem Schoß gesehen, flog hinzu, nahm es mit seinem Schnabel weg und setzte es auf den hohen Baum.
10 Der Förster stieg hinauf, holte das Kind herunter und dachte: „Du willst das Kind mit nach Haus nehmen und mit deinem Lenchen zusammen aufziehen", brachte es heim, und die zwei Kinder wuchsen so miteinander auf. Das aber, das auf dem Baum gefunden worden war und weil es ein
15 Vogel weggetragen hatte, wurde Fundevogel geheißen. Fundevogel und Lenchen hatten sich so lieb, nein so lieb, dass, wenn eins das andere nicht sah, wurde es traurig.

2 a) Wie kam Fundevogel zu seinem ungewöhnlichen Namen? Kreuze an.

☐ Er nannte sich selber so, weil er den Namen schön fand.

☐ Der Förster gab ihm den Namen, denn der Junge war einst von einem Vogel geraubt worden.

☐ Lenchen gab ihm den Namen, den sie geträumt hatte.

b) Welchen Namen würdest du dem Jungen geben? Begründe.

_____

Der Förster hatte aber eine alte Köchin, die nahm eines Abends zwei Eimer und fing an, Wasser zu schleppen, und ging nicht einmal, sondern viele Mal hinaus an den Brunnen. Lenchen sah es und sprach: „Hör einmal, alte Sanne, was trägst du denn viel Wasser zu?" – „Wenn du's keinem Menschen wiedersagen* willst, so will ich dir's wohl sagen." Da sagte Lenchen nein, sie wollte es keinem Menschen wiedersagen, so sprach die Köchin: „Morgen früh, wenn der Förster auf die Jagd ist, koche ich das Wasser, und wenn's in dem Kessel* siedet*, werfe ich den Fundevogel 'nein und will ihn darin kochen."
Und des andern Morgens in aller Frühe stand der Förster auf und ging auf die Jagd, und als er weg war, lagen die Kinder noch im Bett, da sprach Lenchen zum Fundevogel: „Verlässt du mich nicht, so verlass ich dich auch nicht!" So sprach der Fundevogel: „Nun und nimmermehr." Da sprach Lenchen: „Ich will es dir nur sagen, die Sanne schleppte gestern Abend so viel Eimer Wasser ins Haus, da fragte ich

* **wiedersagen:** _hier:_ weitersagen
* **der Kessel:** großer Topf
* **sieden:** kochen

sie, warum sie das täte, so sagte sie: Wenn ich's keinem Menschen sagen wollte, so wollte sie es mir wohl sagen; sprach ich: Ich wollte es gewiss keinem Menschen sagen, da sagte sie, morgen früh, wenn der Vater auf die Jagd wäre, 40 wollte sie den Kessel voll Wasser sieden und dich hineinwerfen und kochen. Wir wollen aber geschwind* aufstehen, uns anziehen und zusammen fortgehen."

* **geschwind:** schnell

3 Schreibe in Stichworten auf, was die Köchin vorhat und wie die Kinder darauf reagieren.

_____

_____

Also standen die beiden Kinder auf, zogen sich geschwind an und gingen fort. Wie nun das Wasser im Kessel kochte, 45 ging die Köchin in die Schlafkammer und wollte den Fundevogel holen, um ihn hineinzuwerfen. Aber als sie hineinkam und zu den Betten trat, waren die Kinder alle beide fort, da wurde ihr grausam angst, und sie sprach vor sich: „Was will ich nun sagen, wenn der Förster heimkommt 50 und sieht, dass die Kinder weg sind. Geschwind hinten nach, dass wir sie wiederkriegen!"

4 Lies, wie das Märchen weitergeht.
Welche Zahl spielt eine wichtige Rolle?

Da schickte die Köchin drei Knechte* nach, die sollten laufen und die Kinder einlangen*. Die Kinder aber saßen vor dem Wald, und als sie die drei Knechte von Weitem
55 laufen sahen, sprach Lenchen zum Fundevogel: „Verlässt du mich nicht, so verlass ich dich auch nicht!" So sprach Fundevogel: „Nun und nimmermehr!" Da sagte Lenchen: „Werde du zum Rosenstöckchen und ich zum Röschen drauf!" Wie nun die drei Knechte vor den Wald kamen, so
60 war nichts da als ein Rosenstrauch und ein Röschen obendrauf, die Kinder aber nirgends. Da sprachen sie: „Hier ist nichts zu machen", und gingen heim und sagten der Köchin, sie hätten nichts in der Welt gesehen als nur ein Rosenstöckchen mit einem Röschen obendrauf. Da schalt* die
65 alte Köchin: „Ihr Einfaltspinsel*, ihr hättet das Rosenstöckchen sollen entzwei schneiden und das Röschen abbrechen und mit nach Haus bringen: geschwind und tut's!" Sie mussten also zum zweiten Mal hinaus und suchen. Die Kinder sahen sie aber von Weitem kommen, da sprach
70 Lenchen: „Fundevogel, verlässt du mich nicht, verlass ich dich auch nicht!" Fundevogel sagte: „Nun und nimmermehr." Sprach Lenchen: „So werde du eine Kirche und ich die Krone darin!" Wie nun die drei Knechte dahin kamen, war nichts da als eine Kirche und eine Krone darin. Sie
75 sprachen also zueinander: „Was sollen wir hier machen, lasst uns nach Hause gehen!" Wie sie nach Haus kamen, fragte die Köchin, ob sie nichts gefunden, so sagten sie nein, sie hätten nichts gefunden als eine Kirche, da wäre eine Krone darin gewesen. „Ihr Narren*", schalt die Köchin,

* **der Knecht:** Diener
* **einlangen:** *hier:* einfangen
* **schalt (Präteritum von schelten):** schimpfen
* **der Einfaltspinsel:** Dummkopf
* **der Narr:** *hier:* Dummkopf

80 „warum habt ihr nicht die Kirche zerbrochen und die Krone mit heimgebracht?" Nun machte sich die alte Köchin selbst auf die Beine und ging mit den drei Knechten den Kindern nach. Die Kinder sahen aber die drei Knechte von Weitem kommen, und die Köchin wackelte hinten nach. Da sprach
85 Lenchen: „Fundevogel, verlässt du mich nicht, so verlass ich dich auch nicht." Da sprach der Fundevogel: „Nun und nimmermehr!" Sprach Lenchen: „Werde du zum Teich und ich die Ente drauf!" Die Köchin aber kam herzu, und als sie den Teich sah, legte sie sich drüber hin und wollte ihn
90 aussaufen. Aber die Ente kam schnell geschwommen, fasste sie mit ihrem Schnabel beim Kopf und zog sie ins Wasser hinein, da musste die alte Hexe ertrinken. Da gingen die Kinder zusammen nach Haus und waren herzlich froh, und wenn sie nicht gestorben sind, leben sie noch.

5 Was versprechen sich die beiden Kinder, als sie verfolgt werden? Unterstreiche die Stelle im Text und schreibe das Versprechen in deinen eigenen Worten auf.

Sie versprechen sich, dass _____

_____

_____

6 a) In was verwandeln sich die beiden Kinder? Ergänze.

Fundevogel	Lenchen
Rosenstöckchen	

b) Untersucht die Verwandlungen. Was fällt euch auf? Denkt euch weitere Verwandlungen nach demselben Muster aus.

_____

_____

_____

7 Kennt ihr andere Märchen, in denen Kinder in einer bedrohlichen Lage sind? Tauscht euch darüber aus und schreibt auf, woran ihr euch erinnert.

_____

_____

_____

_____

1 a) Lies den Anfang des Märchens (Z. 1–49) still und markiere, was du über die Charaktereigenschaften des Dummlings erfährst.

Brüder Grimm

Die goldene Gans

Es war ein Mann, der hatte drei Söhne, davon hieß der jüngste der Dummling und wurde verachtet und verspottet und bei jeder Gelegenheit zurückgesetzt. Es geschah, dass der Älteste in den Wald gehen wollte, Holz hauen, und eh'
5 er ging, gab ihm noch seine Mutter einen schönen, feinen Eierkuchen und eine Flasche Wein, damit er nicht Hunger und Durst litt. Als er in den Wald kam, begegnete ihm ein altes graues Männlein, das bot ihm einen guten Tag und sprach: „Gib mir doch ein Stück von deinem Kuchen aus
10 der Tasche und lass mich einen Schluck von deinem Wein trinken, ich bin so hungrig und durstig." Der kluge Sohn aber antwortete: „Geb ich dir meinen Kuchen und meinen Wein, so hab ich selber nichts, pack dich deiner Wege!", und ging fort. Als er nun anfing, einen Baum zu behauen,
15 dauerte es nicht lange, so hieb er fehl, und die Axt fuhr ihm in den Arm, dass er musste heimgehen und sich verbinden lassen. Das war aber von dem grauen Männchen gekommen.

Darauf ging der zweite Sohn in den Wald, und die Mutter
20 gab ihm, wie dem Ältesten, einen Eierkuchen und eine Flasche Wein. Dem begegnete gleichfalls das alte graue Männchen und hielt* um ein Stückchen Kuchen und einen Trunk Wein an*. Aber der zweite Sohn sprach auch ganz verständig: „Was ich dir gebe, das geht mir selber ab, pack
25 dich deiner Wege!", und ging fort. Das Männchen ließ die Strafe nicht ausbleiben, und als er ein paar Hiebe am Baum getan, hieb er sich ins Bein, dass er musste nach Hause getragen werden.

** **jemanden um etwas anhalten:** jemanden um etwas bitten*

Da sagte der Dummling auch: „Vater, ich will hinausgehen und Holz hauen." Antwortete der Vater: „Deine Brüder haben sich Schaden getan, lass du's gar bleiben, du verstehst nichts davon." Der Dummling aber bat, dass er's erlauben möchte, da sagte er endlich: „Geh nur hin, durch Schaden wirst du klug werden." Die Mutter aber gab ihm einen Kuchen, der war mit Wasser in der Asche gebacken, und eine Flasche saures Bier. Als er in den Wald kam, begegnete ihm gleichfalls das alte graue Männchen und grüßte ihn und sprach: „Gib mir ein Stück von deinem Kuchen und einen Trunk aus deiner Flasche, ich bin so hungrig und durstig." Antwortete der Dummling: „Ich habe aber nur Aschenkuchen und saures Bier, wenn dir das recht ist, so wollen wir uns setzen und essen." Da setzten sie sich, und als der Dummling seinen Aschenkuchen herausholte, so war's ein feiner Eierkuchen, und das saure Bier war ein guter Wein. Nun aßen und tranken sie, und danach sprach das Männlein: „Weil du ein gutes Herz hast und das Deine gern mitteilst, so will ich dir Glück bescheren. Dort steht ein alter Baum, den hau ab, so wirst du in den Wurzeln etwas finden." Und darauf nahm es Abschied.

b) Kreise die Charaktereigenschaften ein, die zum Dummling passen:

fröhlich   ängstlich

gutmütig   hilfsbereit   dumm

hochmütig   frech

c) Wie sieht ihn seine Familie im Märchen? Finde drei Adjektive.

_____

50 Der Dummling ging hin und hieb den Baum um, und wie er fiel, saß in den Wurzeln eine Gans, die hatte Federn von reinem Gold. Er hob sie heraus, nahm sie mit sich und ging in ein Wirtshaus, da wollte er übernachten. Der Wirt hatte aber drei Töchter, die sahen die Gans, waren neugierig, was
55 das für ein wunderlicher Vogel wäre, und hätten gar gern eine von seinen goldenen Federn gehabt. Endlich dachte die Älteste: „Ich soll und muss eine Feder haben!", wartete, bis der Dummling hinausgegangen war, und fasste die Gans beim Flügel, aber Finger und Hand blieben ihr daran festhängen.
60 Bald danach kam die zweite und hatte keinen andern Gedanken, als sich eine Feder zu holen, ging heran, kaum aber hatte sie ihre Schwester angerührt, so blieb sie an ihr fest hängen. Endlich kam auch die dritte und wollte eine Feder, da schrien die andern: „Bleib weg! Ums Himmels
65 willen, bleib weg!", aber sie begriff nicht, warum, und dachte: Sind die dabei, so kann ich auch dabei sein, sprang herzu, aber wie sie ihre Schwester angerührt hatte, so blieb sie an ihr festhängen. So mussten sie die Nacht bei der Gans zubringen.
70 Am andern Morgen nahm der Dummling die Gans in den Arm, ging fort und bekümmerte sich nicht um die drei Mädchen, die daran hingen. Die mussten immer hinter ihm

drein laufen, links und rechts, wie's ihm in die Beine kam. Mitten auf dem Felde begegnete ihnen der Pfarrer, und als
75 er den Aufzug sah, sprach er: „Ei, so schämt euch, ihr garstigen* Mädchen, was lauft ihr dem jungen Bursch durchs Feld nach, schickt sich das*?" Damit fasste er die Jüngste an die Hand und wollte sie zurückziehen, wie er sie aber anrührte, blieb er gleichfalls hängen und musste selber
80 hintendrein laufen. Nicht lange, so kam der Küster* und sah den Herrn Pfarrer drei Mädchen auf dem Fuß folgen, da verwunderte er sich und rief: „Ei! Herr Pfarrer! Wo hinaus so geschwind? Heut ist noch eine Kindtaufe!", lief auf ihn zu und fasste ihm am Ärmel und blieb auch festhängen. Wie
85 die fünf so hintereinander her trabten, kamen zwei Bauern mit ihren Hacken vom Feld, da rief der Pfarrer ihnen zu, sie sollten sie doch los machen. Kaum aber hatten sie den Küster angerührt, so blieben sie hängen und waren ihrer nun sieben, die dem Dummling mit der Gans nachliefen.

* **garstig:** ungezogen
* **das schickt sich:** es gehört sich
* **der Küster:** Angestellter, der die Kirche und ihre Einrichtungen beaufsichtigt

2 In welcher Reihenfolge mussten die Menschen hinter der Gans herlaufen? Nummeriere.

_____ zwei Bauern

_____ jüngste Tochter

_____ Pfarrer

_____ älteste Tochter

_____ Küster

_____ zweitälteste Tochter

⁹⁰ Er kam darauf in eine Stadt, da herrschte ein König, der hatte eine Tochter, die war so ernsthaft, dass niemand sie zum Lachen bringen konnte. Darum hatte er ein Gesetz gegeben, wer sie könnte zu lachen machen, der sollte sie heiraten. Der Dummling, als er das hörte, ging mit seiner ⁹⁵ Gans und ihrem Anhang vor die Königstochter, und wie diese die sieben Menschen immer hintereinander herlaufen sah, fing sie überlaut an zu lachen und wollte gar nicht wieder aufhören.

Da verlangte sie der Dummling zur Braut, aber der König ¹⁰⁰ machte allerlei Einwendungen und sagte, er müsste ihm erst einen Mann bringen, der einen Keller voll Wein austrinken könnte. Der Dummling dachte an das graue Männchen, das könnte ihm wohl helfen, ging hinaus in den Wald, und auf der Stelle, wo er den Baum abgehauen hatte, ¹⁰⁵ sah er einen Mann sitzen, der machte ein gar betrübtes Gesicht. Der Dummling fragte, was er sich so sehr zu Herzen nähme? „Ei!", antwortete er. „Ich bin so durstig und kann nicht genug zu trinken kriegen, ein Fass Wein habe ich zwar ausgeleert, aber was ist ein Tropfen auf einem ¹¹⁰ heißen Stein?" – „Da kann ich dir helfen", sagte der Dummling, „komm nur mit mir, du sollst satt haben." Er führte ihn darauf in des Königs Keller, und der Mann machte sich über die großen Fässer, trank und trank, dass ihm die Hüften weh taten, und ehe ein Tag herum war, hatte er den ganzen ¹¹⁵ Keller ausgetrunken.

Der Dummling verlangte wieder seine Braut; der König aber ärgerte sich, dass ein schlechter Bursch, den jedermann einen Dummling nannte, seine Tochter davontragen sollte, und machte neue Bedingungen: Er müsse ihm erst einen Mann schaffen, der einen Berg voll Brot aufessen könnte. Der Dummling ging wieder in den Wald, da saß auf des Baumes Platz ein Mann, der schnürte sich den Leib mit einem Riemen zusammen, machte ein grämliches Gesicht und sagte: „Ich habe einen ganzen Backofen voll Raspelbrot gegessen, aber was hilft das bei meinem großen Hunger, ich spür nichts im Leib und muss mich nur zuschnüren, wenn ich nicht hungers sterben soll." Wie der Dummling das hörte, war er froh und sprach: „Steh auf und geh mit mir, du sollst dich satt essen." Er führte ihn an den Hof des Königs, der hatte alles Mehl aus dem ganzen Reich zusammenfahren und einen ungeheuern Berg davon backen lassen; der Mann aber aus dem Wald stellte sich davor, fing an zu essen, und in einem Tag und einer Nacht war der ganze Berg verschwunden. Der Dummling forderte wieder seine Braut; der König aber suchte noch einmal Ausflucht und verlangte ein Schiff, das zu Land wie zu Wasser fahren könnte; schaffe er aber das, dann solle er gleich die Königstochter haben. Der Dummling ging noch einmal in den Wald, da saß das alte graue Männchen, dem er seinen Kuchen gegeben, und sagte: „Ich hab für dich getrunken und gegessen, ich will dir auch das Schiff geben. Das alles tu ich, weil du barmherzig* gegen mich gewesen bist." Da gab er ihm das Schiff, das zu Land und zu Wasser fuhr, und als der König das sah, musste er ihm seine Tochter geben. Da ward die Hochzeit gefeiert, und der Dummling erbte das Reich und lebte lange Zeit vergnügt mit seiner Gemahlin*.

---

* **barmherzig:** mitleidig und hilfreich
* **die Gemahlin:** Ehefrau

3 Schreibe den Gesetzestext (oder einen Aufruf), in dem der König seine Tochter demjenigen verspricht, der sie zum Lachen bringt. Benutze dazu dein Heft.

4 a) In welchen Zusammenhängen spielt die magische Zahl 3 eine Rolle? Schreibe sie auf, es sind mehrere.

_____

_____

_____

b) Welche weitere magische Zahl kommt vor? Schreibe auch hier auf, in welchem Zusammenhang.

_____

_____

5 a) Schreibe selbst ein Märchen.
Benutze dazu dein Heft. Lege zuerst folgende Dinge fest:
– Welche drei Figuren sollen in deinem Märchen vorkommen?
– Welche Aufgaben sollen sie erfüllen?
– Wer stellt die Aufgaben und trifft die Entscheidung?
– Um welche Belohnung soll es gehen?
– Was für ein Happy End soll es geben?

b) Finde eine passende Überschrift.

6 Die meisten Märchen ähneln sich. Vergleiche das Märchen „Vom Fundevogel" mit „Die goldene Gans". Welche Ähnlichkeiten kannst du feststellen?
Mache dir dazu Notizen in dein Heft.

1 a) Lies den ersten Abschnitt dieses Märchens (Z. 1–20) und markiere wichtige Schlüsselbegriffe zur Beantwortung der W-Fragen.

Brüder Grimm
Der Froschkönig oder der eiserne Heinrich

In den alten Zeiten, wo das Wünschen noch geholfen hat, lebte ein König, dessen Töchter waren alle schön, aber die Jüngste war so schön, dass die Sonne selber, die doch so vieles gesehen hat, sich verwunderte, sooft sie ihr ins
5 Gesicht schien. Nahe bei dem Schlosse des Königs lag ein großer dunkler Wald, und in dem Walde unter einer alten Linde war ein Brunnen. Wenn nun der Tag sehr heiß war, so ging das Königskind hinaus in den Wald und setzte sich an den Rand des kühlen Brunnens, und wenn sie Lange-
10 weile hatte, so nahm sie eine goldene Kugel, warf sie in die Höhe und fing sie wieder, und das war ihr liebstes Spielwerk.

Nun trug es sich einmal zu, dass die goldene Kugel der Königstochter nicht in ihr Händchen fiel, das sie in die
15 Höhe gehalten hatte, sondern vorbei auf die Erde schlug und geradezu ins Wasser hineinrollte. Die Königstochter folgte ihr mit den Augen nach, aber die Kugel verschwand, und der Brunnen war tief, so tief, dass man keinen Grund sah. Da fing sie an zu weinen und weinte immer lauter und
20 konnte sich gar nicht trösten.

b) Beantworte die W-Fragen Wer?, Wo?, Wann?, Was?.

_____

_____

_____

_____

2 Das Märchen beginnt mit dem Satz: „In den alten Zeiten, wo das Wünschen noch geholfen hat, …"
Schreibe auf, wie du den Satz verstehst.

_____

_____

_____

Und wie sie so klagte, rief ihr jemand zu: „Was hast du vor, Königstochter, du schreist ja, dass sich ein Stein erbarmen* möchte."
Sie sah sich um, woher die Stimme käme, da erblickte sie
25 einen Frosch, der seinen dicken hässlichen Kopf aus dem Wasser streckte. „Ach, du bist's, alter Wasserpatscher", sagte sie, „ich weine über meine goldene Kugel, die mir in den Brunnen hinabgefallen ist."
„Sei still und weine nicht", antwortete der Frosch, „ich kann
30 wohl Rat schaffen, aber was gibst du mir, wenn ich dein Spielwerk wieder heraufhole?" „Was du haben willst, lieber Frosch", sagte sie, „meine Kleider, meine Perlen und Edelsteine, auch noch die goldene Krone, die ich trage."

* **sich erbarmen:** Mitleid haben

Der Frosch antwortete: „Deine Kleider, deine Perlen und Edelsteine und deine goldene Krone, die mag ich nicht, aber wenn du mich lieb haben willst, und ich soll dein Geselle* und Spielkamerad sein, an deinem Tischlein neben dir sitzen, von deinem goldenen Tellerlein essen, aus deinem Becherlein trinken, in deinem Bettlein schlafen, und wenn du mir das versprichst, so will ich hinuntersteigen und dir die goldene Kugel wieder heraufholen." „Ach ja", sagte sie, „ich verspreche dir alles, was du willst, wenn du mir nur die Kugel wiederbringst." Sie dachte aber: „Was der einfältige* Frosch schwätzt, der sitzt im Wasser bei seinesgleichen und quakt und kann keines Menschen Geselle sein."

* **der Geselle:** Freund
* **einfältig:** dumm

3 a) Die Königstochter spricht den Frosch am Teich auf sehr unterschiedliche Weise an. Wie nennt sie ihn? Warum macht sie das?

_____

_____

b) Lies, was die Königstochter zum Frosch sagt, so vor, dass man ihre Absichten heraushört.

4 a) Was soll der Frosch zur Belohnung für das Heraufholen der Kugel bekommen?

_____

_____

b) Der Frosch ist damit nicht einverstanden.
Was will er stattdessen haben?

_____

_____

c) Kannst du dir vorstellen, warum der Frosch sich das wünscht?

_____

_____

Der Frosch, als er die Zusage erhalten hatte, tauchte seinen Kopf unter, sank hinab, und über ein Weilchen kam er wieder heraufgerudert, hatte die Kugel im Maul und warf sie ins Gras. Die Königstochter war voll Freude, als sie ihr
50 schönes Spielwerk wieder erblickte, hob es auf und sprang damit fort.
„Warte, warte", rief der Frosch, „nimm mich mit, ich kann nicht so laufen wie du." Aber was half ihm, dass er ihr sein Quak-quak so laut nachschrie, als er konnte! Sie hörte nicht
55 darauf, eilte nach Hause und hatte bald den armen Frosch vergessen, der wieder in seinen Brunnen hinabsteigen musste.

Am andern Tage, als sie mit dem König und allen Hofleuten sich zur Tafel gesetzt hatte und von ihrem goldenen Tellerlein aß, da kam, putsch platsch, putsch platsch, etwas die Marmortreppe heraufgekrochen, und als es oben angelangt war, klopfte es an der Tür und rief: „Königstochter, Jüngste, mach mir auf." Sie lief und wollte sehen, wer draußen wäre, als sie aber aufmachte, so saß der Frosch davor. Da warf sie die Tür hastig zu, setzte sich wieder an den Tisch, und es war ihr ganz angst.

Der König sah wohl, dass ihr das Herz gewaltig klopfte, und sprach: „Mein Kind, was fürchtest du dich, steht etwa ein Riese vor der Tür und will dich holen?" „Ach nein", antwortete sie, „es ist kein Riese, sondern ein garstiger* Frosch." „Was will der Frosch von dir?" „Ach, lieber Vater, als ich gestern im Wald bei dem Brunnen saß und spielte, da fiel meine goldene Kugel ins Wasser. Und weil ich so weinte, hat sie der Frosch wieder heraufgeholt, und weil er es durchaus verlangte, so versprach ich ihm, er sollte mein Geselle werden. Ich dachte aber nimmermehr, dass er aus seinem Wasser heraus könnte. Nun ist er draußen und will zu mir herein." Indem klopfte es zum zweiten Mal und rief: „Königstochter, Jüngste, mach mir auf, weißt du nicht, was gestern du zu mir gesagt bei dem kühlen Brunnenwasser? Königstochter, Jüngste, mach mir auf." Da sagte der König: „Was du versprochen hast, das musst du auch halten, geh nur und mach ihm auf." Sie ging und öffnete die Türe, da hüpfte der Frosch herein, ihr immer auf dem Fuße nach, bis zu ihrem Stuhl. Da saß er und rief: „Heb mich herauf zu dir." Sie zauderte*, bis es endlich der König befahl. Als der Frosch erst auf dem Stuhl war, wollte er auf den Tisch und als er da saß, sprach er: „Nun schieb mir dein goldenes Tellerlein näher, damit wir zusammen essen."

Das tat sie zwar, aber man sah wohl, dass sie es nicht gerne tat. Der Frosch ließ sich's gut schmecken, aber ihr blieb fast

* **garstig:** hässlich
* **zaudern:** zögern

jedes Bisslein im Halse. Endlich sprach er: „Ich habe mich satt gegessen und bin müde, nun trag mich in dein Kämmerlein* und mach dein seiden Bettlein zurecht, da wollen wir uns schlafen legen." Die Königstochter fing an zu weinen und fürchtete sich vor dem kalten Frosch, den sie nicht anzurühren getraute, und der nun in ihrem schönen reinen Bettlein schlafen sollte.

Der König aber ward zornig und sprach: „Wer dir geholfen hat, als du in der Not warst, den sollst du hernach nicht verachten." Da packte sie ihn mit zwei Fingern, trug ihn hinauf und setzte ihn in eine Ecke.

* **das Kämmerlein:** kleines Zimmer

5 Der König befiehlt seiner Tochter, den Frosch herein zu lassen und seine Wünsche zu erfüllen. Warum tut er das?

_____

_____

Als sie aber im Bette lag, kam er gekrochen und sprach: „Ich bin müde, ich will schlafen so gut wie du, heb mich herauf oder ich sag's deinem Vater." Da ward sie bitterböse, holte ihn herauf und warf ihn aus allen Kräften an die Wand, „nun wirst du Ruhe haben, du garstiger Frosch."

Als er aber herabfiel, war er kein Frosch, sondern ein Königssohn mit schönen freundlichen Augen. Der war nun nach ihres Vaters Willen ihr lieber Geselle und Gemahl*. Da erzählte er ihr, er wäre von einer bösen Hexe verwünscht worden, und niemand hätte ihn aus dem Brunnen erlösen können als sie allein, und morgen wollten sie zusammen in sein Reich gehen. Dann schlief sie ein, und am andern Morgen, als die Sonne sie aufweckte, kam ein Wagen herangefahren mit acht weißen Pferden bespannt, die hatten weiße Straußenfedern auf dem Kopf und gingen in goldenen Ketten, und hinten stand der Diener des jungen Königs, das war der treue Heinrich.

Der treue Heinrich hatte sich so betrübt*, als sein Herr in einen Frosch verwandelt worden war, dass er drei eiserne* Bande hatte um sein Herz legen lassen, damit es ihm nicht vor Weh* und Traurigkeit zerspränge*. Der Wagen aber sollte den jungen König in sein Reich abholen. Der treue Heinrich hob beide hinein, stellte sich wieder hinten auf und war voller Freude über die Erlösung.

Und als sie ein Stück Wegs gefahren waren, hörte der Königssohn, dass es hinter ihm krachte, als wäre etwas zerbrochen. Da drehte er sich um und rief: „Heinrich, der Wagen bricht." „Nein, Herr, der Wagen nicht, es ist ein Band von meinem Herzen, das da lag in großen Schmerzen, als Ihr in dem Brunnen saßt, als Ihr ein Frosch wart."

Noch einmal und noch einmal krachte es auf dem Weg, und der Königssohn meinte immer, der Wagen bräche, und es waren doch nur die Bande, die vom Herzen des treuen Heinrich absprangen, weil sein Herr erlöst und glücklich war.

---

* **der Gemahl:** Ehemann

* **hatte sich so betrübt:** war so traurig geworden

* **eisern:** aus Eisen

* **das Weh:** Schmerz

* **zerspränge (Konjunktiv von zerspringen):** zerbrechen

6 Wer ist der eiserne Heinrich und warum trägt er diesen Namen?

_____

_____

_____

7 Suche aus dem Märchen folgende Merkmale heraus und trage sie in dein Heft in eine Tabelle ein. Achtung, die zweite Spalte bleibt frei. Diese benötigst du später!

	Der Froschkönig (Grimm)	Der Froschkönig (Janosch)
Märchenfiguren		
Orte des Geschehens		
wichtige Gegenstände		
gegebene Versprechen		
Forderungen		

1 Lies diese Fassung des Märchens vom Froschkönig still durch. Was ist daran anders?
Mache dir Notizen in dein Heft.

Janosch
Der Froschkönig

Es war einmal ein schöner, grüner Froschkönig, dessen Reich in einem kleinen Teich im Wald war. Jeden Tag schwamm er an eine Stelle, wo das Wasser einen Meter sechsundsiebzig tief war, und spielte mit einer goldenen Luftkugel. Er ließ sie aufsteigen, schwamm ihr schnell nach, fing sie noch in letzter Sekunde auf, bevor sie die Wasseroberfläche erreicht hatte, und war bald so geschickt, dass er sie noch einen Zehntel* Millimeter unter der Oberfläche erwischen konnte.

Das war sein liebstes Spiel.

Und einmal – er hatte an diesem Tag wohl schlecht geschlafen, war etwas nervös, auch blendete ihn die Sonne – griff er daneben, und die goldene Luftkugel entwischte ihm, flog hinaus und ging ihm verloren.

Der Froschkönig erschrak, denn draußen auf dem Land war er nicht gut zu Fuß, und wo sollte er lange suchen? Möglicherweise flog die goldene Luftkugel auch in der Luft herum? Ein Frosch ist kein Vogel, wie hätte er sie fangen können?

Da fing er jämmerlich an zu weinen und zu quaken: „Was ist das für ein Unglück! Ach, du lieber Wassermann, was soll ich nur machen? Ich gäbe alles dafür, hätte ich die goldene Luftkugel nur wieder."

Da steckte ein Mädchen ihren Kopf durch das Schilf und sagte: „Was jammerst du, Frosch?"

„Da soll ich nicht jammern", sagte der Froschkönig. „Ich habe meine schöne goldene Luftkugel verloren. Sie muss dort oben irgendwo in der Luft schweben."

---

* **ein Zehntel:** der zehnte Teil von etwas

Der schöne, grüne Frosch gefiel dem Mädchen aber sehr
30 gut, und sie verliebte sich in ihn und sagte: „Wenn du mich
heiratest, fang ich dir die goldene Luftkugel."

Das Mädchen freilich gefiel dem Froschkönig überhaupt
nicht, denn sie war nicht besonders schön. Sie hatte zu
kurze Beine, war auch etwas zu dick, und ihre Haare waren
35 wie Stroh. Aber in seiner Not, und weil er an der goldenen
Luftkugel hing, dachte er: „Was redet sie da für dummes
Zeug? Sie kann erstens gar nicht tauchen und vielleicht
auch nicht schwimmen, außerdem ist sie doch ein Landmensch. Was will sie hier unten im Wasser?"

40 Dann sagte er: „Ja, ist gut. Aber bring mir schnell meine
goldene Luftkugel!"

Das Mädchen fing ihm die Kugel, aber kaum hatte er sie,
tauchte er unter und verschwand.

2 a) Was denkt der Froschkönig von dem Mädchen,
bevor er ihm sein Versprechen gibt?
Unterstreiche die entsprechenden Textstellen.

b) Wie wird sich der Froschkönig vermutlich verhalten,
sobald er die Luftkugel wieder hat?

_____

_____

c) Lies das Märchen weiter und prüfe, ob deine Vermutung richtig war.

Und kaum war er unter Wasser, vergaß er auch das
45 Mädchen, aber sie rief ihm nach: „Warte! Warte doch auf mich, mein lieber Mann! Hast du mir nicht die Ehe versprochen?"
Sie zog sich das Kleid nicht erst lange aus und sprang ins Wasser.
50 Unten saß der Froschkönig in seinem Wasserschloss beim Essen, als es an die Tür klopfte und jemand rief: „Mach mir auf, Froschkönig! Lass mich herein, hier bin ich, deine liebe Frau!"
Der Froschkönig stellte sich taub, aß weiter, und sie rief
55 wieder: „Froschkönig, mein Liebster! Mach doch endlich auf, hier bin ich, Suse, deine Frau!"
Da sagte der alte Vater des Froschkönigs, der als weise* und gerecht galt und von allen Wassertieren sehr geehrt wurde: „Was ist das für ein Lärm, mein Sohn?"
60 „Ach", sagte der schöne, grüne Froschkönig, „das ist so ein kümmerliches* Mädchen, Beine zu kurz, Hintern zu dick, von oben bis unten keine Schönheit, die will mich heiraten. Aber sie gefällt mir nicht."
„Wie kommt sie dazu?", fragte der alte Froschkönigsvater.
65 „Du wirst ihr doch nichts angetan oder ihr gar deine Pfote versprochen haben?"
Der schöne, grüne Froschkönig war etwas verlegen und sagte: „Nein, ja, ich meine – ich habe, nein – das heißt, das war so ..."
70 „Also, mit der Sprache heraus", sagte der alte Froschkönigsvater, „ich sehe schon, du hast ihr den Kopf verdreht. Geh hinaus und hole sie herein!"

* **weise:** klug
* **kümmerlich:** unansehnlich

Und vor der Tür rief das Mädchen:
„Froschkönig, mein Liebster, lass mich rein!
75 Weißt du nicht mehr, was du mir oben im Schilf versprochen hast? Froschkönig, Liebster, lass mich doch endlich herein."

Als der schöne, grüne Froschkönig die Tür aufmachte und sie hereinkam und ihn so sah in seiner schönen, grünen
80 Farbe, die hier unten im Wasser in seinem Schloss noch viel, viel schöner war, verliebte sie sich noch mehr in ihn und wurde ganz verrückt davon.

Sie setzte sich neben ihn an den Tisch und aß von seinem goldenen Teller.
85 Es gab Fliegen und Mückensalat, aber sie aß mit so viel Appetit, als wären es gezuckerte Himbeeren. Die Liebe macht wohl blind und taub und verwirrt die Sinne. Dann trank sie aus seinem goldenen Becher, aber es war wieder nichts anderes drin als Wasser aus dem Teich, doch es
90 schmeckte ihr wie Honigmilch.

„Komm, mein lieber Mann", sagte das Mädchen, „ich bin ja sooo müde." Der schöne, grüne Froschkönig erschrak, wenn er daran dachte, dass er neben dem kümmerlichen Mädchen liegen sollte. Aber weil sein gerechter, alter Vater
95 ihn so streng anschaute, nahm er das Mädchen bei der Hand und schwamm mit ihr in sein Gemach*.

* **das Gemach:** Schlafzimmer

3 In vielen Märchen können die Tiere sprechen wie die Menschen. Was ist in dieser Fassung das Wundersame?

_____

_____

_____

Doch kaum waren sie aus dem Saal, nahm* der schöne, grüne Froschkönig das Mädchen in den Schwitzkasten* und wollte sie im tiefsten Wasser ertränken. Sie ließ dies alles gutwillig mit sich geschehen, und kaum war sie tot, verwandelte sie sich in eine schöne, grüne Froschprinzessin, schöner als jede Froschprinzessin, die der Froschkönig je sah.

Da war der Froschkönig aber sehr, sehr froh, und er umarmte sie. Sie ward seine Gemahlin, und durch das Wasser schien von oben der Vollmond. Und immer, immer wieder erzählte ihm die schöne, grüne Froschkönigin, wie sie sich einmal als Froschkind zu weit vom Teich ihres Vaters weggewagt hatte, von einem Menschen gefangen worden war, in ein Glas gesteckt wurde und sich dann in ihrer letzten Not in einen Menschen verwandeln musste, um in dem Glas nicht elendig zu sterben. Damit aber kein anderer Mensch sie zur Frau nahm, wurde sie ein kümmerliches, hässliches Mädchen. Hätte sie nämlich oben auf dem Land geheiratet, hätte sie nie, nie wieder zurückgedurft ins kühle Wasser.

* **in den Schwitzkasten nehmen:** den Kopf des Gegners in der Armbeuge gegen den Oberkörper drücken

4 Vervollständige die Tabelle in deinem Heft, die du bereits für die erste Fassung des Märchens angelegt hast.

5 a) Welche Gemeinsamkeiten haben die beiden Märchen? Nenne mindestens drei.

_____

_____

_____

b) Welche Unterschiede gibt es?

_____

_____

_____

c) Welche Figur spielt in beiden Märchen die gleiche Rolle? Was ordnet sie in beiden Märchen an?

_____

6 a) Welches der beiden Froschkönigmärchen ist wahrscheinlich das neuere? Begründe deine Meinung anhand von Textstellen.

_____

_____

_____

b) Welche der beiden Fassungen gefällt dir besser? Begründe.

_____

_____

7 Erstellt in Partnerarbeit ein Autorenporträt von Janosch und präsentiert eure Ergebnisse in der Klasse.

1 a) Lies den Anfang (Z. 1–20) von „Der Schweinehirt" und markiere im Text die wichtigsten Informationen zur Beantwortung der W-Fragen.

Hans Christian Andersen

Der Schweinehirt

Es war einmal ein armer Prinz; er hatte ein Königreich, das ganz klein war; aber es war immerhin groß genug, um darauf zu heiraten, und heiraten, das wollte er.
Nun war es freilich etwas keck* von ihm, dass er zur
5 Tochter des Kaisers zu sagen wagte: „Willst du mich haben?" Aber das durfte er wagen, denn sein Name war weit und breit berühmt; es gab Hunderte von Prinzessinnen, die sich obendrein bedankt haben würden, aber seht zu, ob sie es tat.
10 Nun hört einmal zu:
Auf dem Grabe vom Vater des Prinzen wuchs ein Rosenbaum, oh, so ein schöner Rosenbaum! Er blühte nur jedes fünfte Jahr und trug dann nur eine einzige Blüte, aber das war eine Rose, die so süß duftete, dass man alle seine
15 Sorgen und Kümmernisse vergaß, wenn man nur an ihr roch. Und dann hatte er eine Nachtigall*, die singen konnte, als ob alle schönen Melodien in ihrer Kehle* säßen. Diese Rose und diese Nachtigall sollte die Prinzessin haben; deshalb kamen beide in große Silberhüllen und wurden ihr
20 dann zugesandt.

* **keck:** frech
* **die Nachtigall:** Vogel, der tags und nachts singt
* **die Kehle:** vorderer Teil des Halses

b) Beantworte die W-Fragen Wer?, Wo?, Was?.

_____

_____

_____

2 a) Lies das Märchen weiter und finde heraus, wie die Prinzessin auf die Geschenke reagiert.

Der Kaiser ließ sie vor sich her in den großen Saal tragen, wo die Prinzessin war und mit ihren Hofdamen* „Es kommt Besuch" spielte; weiter taten sie nichts. Und als die Prinzessin die großen Hüllen* mit den Geschenken darin sah,
25 klatschte sie vor Freude in die Hände.
„Wenn es doch eine kleine Miezekatze wäre!", sagte sie. Aber dann kam die schöne Rose zum Vorschein.
„Nein, wie ist sie niedlich gemacht!", sagten alle Hofdamen.
„Sie ist mehr als niedlich", sagte der Kaiser, „sie ist hübsch!"
30 Aber die Prinzessin befühlte sie, und da war sie nahe daran zu weinen.
„Pfui, Papa!", sagte sie. „Sie ist nicht künstlich*, es ist eine richtige Rose!"
„Pfui!", sagten alle Hofleute. „Eine richtige Rose!"
35 „Lasst uns erst sehen, was in der anderen Hülle ist, bevor wir böse werden", meinte der Kaiser, und dann kam die Nachtigall hervor; sie sang nun so schön, dass man nicht gleich etwas Böses über sie sagen konnte.
„Superbe! Charmant!", sagten die Hofdamen, denn sie sprachen allesamt französisch, die eine ärger als die andere.

* **die Hofdame:** adelige Angestellte einer Fürstin
* **die Hülle:** Verpackung
* **künstlich:** von Menschen gemacht, nicht natürlich

„Wie der Vogel mich an der hochseligen* Kaiserin Spieldose erinnert", sagte ein alter Kavalier*. „Ach, ja! Es ist ganz derselbe Ton, derselbe Vortrag!"

„Ja", sagte der Kaiser, und dann weinte er wie ein kleines Kind.

„Ich will einfach nicht glauben, dass er lebendig ist", sagte die Prinzessin.

„Doch, es ist ein lebendiger Vogel!", sagten die, die ihn gebracht hatten.

„Ja, dann lasst den Vogel fliegen", sagte die Prinzessin, und sie wollte auf keinen Fall erlauben, dass der Prinz käme.

* **hochselig:** verstorben
* **der Kavalier:** Reiter, Ritter

b) Wie reagiert die Prinzessin auf die Rose? Kreuze an.

☐ Sie findet die Rose wunderschön.

☐ Die Rose gefällt ihr nicht, weil sie künstlich ist.

☐ Die Rose gefällt ihr nicht, weil sie nicht künstlich ist.

c) Wie reagiert die Prinzessin auf die Nachtigall?

_____

_____

3 a) Lies das Märchen weiter. Wie geht der Prinz mit dieser Zurückweisung um?

Aber der ließ sich nicht einschüchtern; er machte sich das Gesicht braun und schwarz, drückte die Mütze tief in die Stirn und klopfte an. „Guten Tag, Kaiser!", sagte er. „Könnte
55 ich hier auf dem Schloss nicht eine Arbeit bekommen?"
„Ja, hier gibt es so viele, die sich bewerben", sagte der Kaiser. „Aber lass mich sehen! Ich brauche einen, der die Schweine hüten kann."
Und so wurde der Prinz als kaiserlicher Schweinehirt ange-
60 stellt. Er bekam eine schlechte kleine Kammer unten beim Schweinestall, und hier musste er bleiben.

b) Stellt in Partnerarbeit Vermutungen an, warum der Prinz diese Arbeit annimmt. Überprüft eure Vermutungen am Ende, wenn ihr das komplette Märchen ganz gelesen habt.

Ich glaube, er nimmt die Arbeit an, damit _____

_____

4 a) Lies den nächsten Abschnitt (Z. 62–120) und markiere Textstellen, in denen du etwas über den Charakter der Prinzessin erfährst.

Aber den ganzen Tag über saß er da und arbeitete; und als es Abend war, hatte er einen allerliebsten kleinen Topf gemacht; rundherum waren Schellen*, und sobald der Topf
65 kochte, läuteten sie so schön und spielten die alte Melodie: „Ach, du lieber Augustin,
Alles ist hin, hin, hin!"
Aber das Allerkünstlichste war doch, dass man nur die Finger in den Dampf des Topfes zu halten brauchte, und
70 gleich konnte man riechen, welche Speisen auf jedem Herd gekocht wurden, den es in der Stadt gab; seht, das war wahrlich etwas anderes als eine Rose.

* **die Schelle:** Klingel

Nun kam die Prinzessin mit all ihren Hofdamen daherspaziert, und als sie die Melodie hörte, blieb sie stehen und sah so vergnügt aus, denn sie konnte auch „Ach, du lieber Augustin" spielen; es war die einzige Melodie, die sie konnte; aber sie spielte sie mit einem Finger. „Das ist ja das Lied, das ich auch kann", sagte sie. „Dann muss es ein gebildeter Schweinehirt sein! Höre, geh hin und frage ihn, was das Instrument kostet!"

Und so musste eine der Hofdamen hineingehen; aber sie zog Holzschuhe an. „Was willst du für den Topf haben?", fragte die Hofdame.

„Ich will zehn Küsse von der Prinzessin haben!", sagte der Schweinehirt.

„Gott bewahr uns!", sagte die Hofdame.

„Ja, für weniger gebe ich ihn nicht her", sagte der Schweinehirt.

„Nun, was sagt er?", fragte die Prinzessin.

„Das kann ich wirklich nicht sagen", meinte die Hofdame. „Es ist so gräulich*."

„Dann flüstere es mir ins Ohr." Und da flüsterte sie. „Er ist ungezogen", sagte die Prinzessin und ging gleich weiter. Aber als sie ein kleines Stück gegangen war, da klangen die Schellen so schön:

„Ach, du lieber Augustin,
Alles ist hin, hin, hin!"

„Hör zu", sagte die Prinzessin, „frage ihn, ob er zehn Küsse von meinen Hofdamen haben will!"

„Danke, nein!", sagte der Schweinehirt. „Zehn Küsse von der Prinzessin, oder ich behalte meinen Topf!"

* **gräulich:** schrecklich

„Was ist das doch für eine dumme Sache", sagte die Prinzessin. „Aber dann müsst ihr euch vor mich stellen, damit es niemand sieht!"

105 Und die Hofdamen stellten sich vor ihr auf und breiteten ihre Röcke aus, und dann bekam der Schweinehirt die zehn Küsse, und sie bekam den Topf.

Na, das wurde ein Vergnügen! Den ganzen Abend und den ganzen Tag musste der Topf kochen; es gab nicht einen 110 Herd in der ganzen Stadt, von dem sie nicht wussten, was auf ihm gekocht wurde, sowohl beim Kammerherrn* wie beim Schuhmacher. Die Hofdamen tanzten und klatschten in die Hände.

„Wir wissen, wer Obstsuppe und Pfannkuchen bekommt!
115 Wir wissen, wer Grütze und Frikadellen bekommt! Wie interessant das ist!"

„Höchst interessant!", sagte die Oberhofmeisterin*.

„Ja, aber haltet reinen Mund, denn ich bin des Kaisers Tochter!"

120 „Gott bewahr uns!", sagten sie alle.

* **der Kammerherr:** Herr für den Ehrendienst beim Fürsten
* **die Oberhofmeisterin:** wichtigste Erzieherin der Prinzessin

b) Welche Eigenschaften hat die Prinzessin?
Kreuze die richtigen Aussagen an und gib die Zeilen an, in denen du die Information gefunden hast.

☐ Sie ist schüchtern. Z. _____
☐ Sie ist fröhlich. Z. _____
☐ Sie ist empfindlich. Z. _____
☐ Sie ist neugierig. Z. _____
☐ Sie ist ängstlich. Z. _____
☐ Sie ist eingebildet. Z. _____

Der Schweinehirt – das heißt der Prinz, aber sie wussten es ja nicht anders, als dass er ein wirklicher Schweinehirt war – ließ den Tag nicht vergehen, ohne etwas zu tun, und diesmal machte er eine Knarre*; wenn er sie im Kreise schwingen ließ, erklangen alle die Walzer, Hopser* und Polkas*, die man seit Erschaffung der Welt kannte.

„Aber das ist wirklich *superbe!*", sagte die Prinzessin, als sie vorbeiging. „Eine schönere Musik habe ich nie gehört! Höre, geh hinein und frage ihn, was dies Instrument kostet. Aber ich küsse ihn nicht mehr!"

„Er will hundert Küsse von der Prinzessin haben!", sagte die Hofdame, die bei ihm gewesen war und gefragt hatte.

„Ich glaube, er ist verrückt!", sagte die Prinzessin, und dann ging sie. Aber als sie ein kleines Stück gegangen war, blieb sie stehen. „Man muss die Kunst ermutigen", sagte sie. „Ich bin des Kaisers Tochter! Sag ihm, er soll zehn Küsse bekommen wie gestern, den Rest kann er sich bei meinen Hofdamen nehmen!"

„Ja, aber wir möchten so ungern!", sagten die Hofdamen.

„Das ist Geschwätz!", sagte die Prinzessin. „Wenn ich ihn küssen kann, könnt ihr es wohl auch! Bedenkt, ich gebe euch Kost* und Lohn!" Und dann musste die Hofdame wieder zu ihm hingehen.

„Hundert Küsse von der Prinzessin!", sagte er. „Oder jeder behält das Seine."

„Stellt euch davor!", sagte sie, und die Hofdamen stellten sich vor sie hin, und dann küsste er.

* **die Knarre:** Rassel
* **Hopser und Polkas:** Volkstänze
* **die Kost:** Essen

5 a) Beschreibe die Gegenstände, die der Schweinehirt hergestellt hat.

Der Topf _____

_____

_____

_____

Die Knarre _____

_____

_____

b) Vergleiche sie mit den Geschenken, die der Prinz der Prinzessin zu Beginn des Märchens gemacht hat.

Geschenk	Eigenschaften
Rose	

c) Warum gefallen die Gegenstände, die der Schweinehirt hergestellt hat, der Prinzessin wohl besser?

_____

d) Welchen Preis verlangt der Schweinehirt für die Gegenstände?

_____

e) Der Schweinehirt gibt nicht nach und besteht auf seinen Forderungen. Nenne Figuren aus anderen Märchen, die ähnlich reagiert haben.

_____

„Was mag das dort unten beim Schweinestall bloß für ein Auflauf sein!", sagte der Kaiser, der auf den Balkon hinaus-
getreten war; er rieb seine Augen und setzte die Brille auf. „Das sind ja die Hofdamen, die da versammelt sind! Ich muss wohl zu ihnen hinuntergehen!" Und dann zog er seine Pantoffeln hinten in die Höhe, denn es waren Schuhe, die er herunter getreten hatte.

Potztausend, wie er sich sputete*.

Sobald er in den Hof kam, ging er ganz leise, und die Hofdamen hatten so viel damit zu tun, die Küsse zu zählen, damit es auch ehrlich zuging und der Schweinehirt nicht zu viele bekam, aber auch nicht zu wenige; sie bemerkten den Kaiser gar nicht. Er hob sich auf die Zehenspitzen.

„Was ist das!", sagte er, als er sah, dass sie sich küssten; und dann schlug er ihnen mit seinem Pantoffel auf den Kopf, gerade als der Schweinehirt den sechsundachtzigsten Kuss bekam. „Hinaus!", sagte der Kaiser, denn er war böse, und sowohl die Prinzessin als auch der Schweinehirt wurden aus seinem Kaiserreich verstoßen*.

Da stand sie nun und weinte; der Schweinehirt schimpfte, und der Regen strömte herab.

---

* **sich sputen:** sich beeilen
* **verstoßen:** vertreiben

„Ach, ich elendes Geschöpf!", sagte die Prinzessin. „Hätte
170 ich doch den schönen Prinzen genommen! Ach, wie
unglücklich bin ich!"
Und der Schweinehirt ging hinter einen Baum, wischte die
schwarze und braune Farbe von seinem Gesicht, warf die
hässlichen Kleider ab und trat nun in seinem Prinzenge-
175 wand hervor, so schön, dass die Prinzessin sich verneigen
musste.

6 a) Wie könnte das Märchen weitergehen?
Schreibe einen passenden Schluss.

b) Lies nun den Schluss des Märchens und vergleiche ihn
mit deiner eigenen Fassung.

„Ich habe dich verachten gelernt, du!", sagte er. „Du wolltest keinen ehrlichen Prinzen haben! Du verstandest dich nicht auf die Rose und die Nachtigall, aber den Schweinehirten konntest du für eine Spielerei küssen! Das hast du nun davon!"

Und dann ging er in sein Königreich hinein, schloss die Tür zu und schob den Riegel vor. Da mochte sie draußen stehen und nach Herzenslust singen:

„Ach, du lieber Augustin,
Alles ist hin, hin, hin!"

In meiner Fassung ... _____

_____

Im richtigen Schluss ... _____

_____

c) Warum ist der Schluss des Märchens so untypisch?

Weil ... _____

_____

7 Stelle den Verlauf des Märchens in einem Flussdiagramm dar. Benutze dazu dein Heft.

8 Schreibe einige Tage für die Prinzessin Tagebuch. Beginne mit dem Tag, an dem der Prinz mit den Geschenken kommt, und schreibe bis zu dem Tag, als der Kaiser sie beim Küssen erwischt. Schreibe in dein Heft.

1 Lies den folgenden Text durch und markiere wichtige Schlüsselbegriffe im Text.

nach Regina Haensel

Wie sind die Märchen entstanden?

„Es war einmal", so beginnen viele Märchen, und am Schluss heißt es: „... und wenn sie nicht gestorben sind, leben sie heute noch".

So verhält es sich auch mit den Märchen selbst. Es war
5 einmal, vor langer, langer Zeit, dass sie entstanden, und sie sind nicht „gestorben" oder vergessen worden, sondern leben heute noch in ihrer alten Frische. Über Hunderte von Jahren wurden sie von Mund zu Mund weitergegeben, später hat man sie aufgeschrieben; so kamen sie bis zu uns.
10 Als die Märchen das erste Mal erzählt wurden, wussten die Menschen noch nicht so viel über die Welt, wie wir heute wissen. Häufig verstanden sie nicht, was um sie herum geschah. Wenn Blitze zuckten und der Donner grollte, wenn in den Wäldern die wilden Tiere brüllten, wenn die Flüsse
15 über die Ufer traten und das Land überfluteten, dann glaubten sie, mächtige Geister seien am Werk. [...] Saßen sie abends beieinander, so berichtete jeder von anderen seltsamen Dingen. Manchmal kam ein Wanderer von weit her und brachte Geschichten mit, die noch niemand
20 kannte. Die erzählten sie weiter und mischten sie mit den eigenen.

Doch nicht nur das Geschehen in der Natur beschäftigte die Fantasie der Menschen. Sie beobachteten auch, wie die Leute miteinander lebten und umgingen. Da gab es Kluge
25 und Dumme, Ordentliche und Unordentliche, Mutige und Feiglinge. Es gab hohe Herren, und es gab viele Knechte*. Warum wurde der eine reich und mächtig, während der andere, der immer fleißig und schwer gearbeitet hatte, trotzdem arm blieb? [...]

* **der Knecht:** Diener

30 Und in den Märchen, die die Menschen einander erzählten, ordneten sie die Welt nach ihren eigenen Vorstellungen. König wurde, wer es verdiente. Der Sohn armer Eltern, tapfer und klug, der den Kampf mit den Ungeheuern nicht scheute, bekam die schöne Prinzessin zur Frau und
35 herrschte fortan gerecht. In die Märchen packten sie ihre Träume und ihre Sehnsucht nach einem besseren Leben. Deshalb blieben diese Geschichten auf der ganzen Welt so beliebt: Sie gaben den Menschen Hoffnung, dass sich alles zum Guten wenden würde. Und sie gaben ihnen Kraft im
40 Kampf gegen Unrecht und Not. […]

2 Wie wurden Märchen damals weitergegeben?

_____

3 Warum handeln Märchen manchmal von seltsamen Dingen?

_____

_____

_____

4 In den Zeilen 30–31 heißt es: „In den Märchen ordneten die Menschen die Welt nach ihren eigenen Vorstellungen." Wähle ein Märchen aus und untersuche es unter diesem Gesichtspunkt. Präsentiere deine Ergebnisse in der Klasse.

1 Dieses Märchen stammt aus Russland.
Überfliege den Anfang (Z. 1–23) und verschaffe dir einen
ersten Eindruck von dem Märchen.

Autor unbekannt
Der Kater Wiljiki Timofei Iwanowitsch

Es war einmal ein armes Bäuerlein, das ging im Winter hinaus in den Wald, um Holz zu fällen. Wie es nun so durch den Schnee stapfte, sah es eine schöne Tanne stehen, und das Bäuerlein sprach: „Diese Tanne werde ich fällen! Ich
5 werde sie aber nicht als Brennholz nehmen, ich werde sie in der Stadt verkaufen und etliche Rubel* dafür bekommen." Kaum aber hatte es den ersten Axthieb an den Baum getan, sprang ein riesiger schwarzer Kater herab, seine Augen leuchteten wie Edelsteine, seine Schnurrbarthaare waren
10 aus purem Gold, und er brüllte: „Wie kannst du es wagen, meine Tanne zu fällen? Du sollst wissen, dass ich der Kater Wiljiki Timofei Iwanowitsch bin!"
„Ach", sprach das Bäuerlein, „sei mir nicht böse, ich wusste ja nicht, dass du der Kater Wiljiki Timofei Iwanowitsch bist.
15 Natürlich werde ich deine Tanne stehen lassen." Darauf wurde das Bäuerlein von dem Kater gnädig verabschiedet.
Beim Abendbrot nun erzählte das Bäuerlein seiner Frau das Erlebnis. Da fing diese an zu schimpfen und zu schelten und rief: „Ach, Mann, bist du ein Dummkopf! Wenn du
20 schon den Kater Wiljiki Timofei Iwanowitsch getroffen hast, hättest du dir ein schöneres Haus wünschen können! Gleich gehst du jetzt hinaus in den Wald! Er muss dir diesen Wunsch erfüllen."

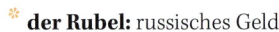

* **der Rubel:** russisches Geld

2 a) Welche Rolle spielt der Kater Wiljiki Timofei Iwanowitsch wahrscheinlich in diesem Märchen?

_____

_____

b) Kennst du ähnliche Figuren aus anderen Märchen? Schreibe auf.

_____

_____

3 a) Überlege dir, wie das Märchen weitergehen könnte. Mache dir Notizen.

_____

_____

_____

b) Lies das Märchen zu Ende und überprüfe, ob deine Vermutungen richtig waren.

„Frau", sprach das Bäuerlein erschrocken, „unser Häuschen ist gut im Stand, das Dach hat kein Loch, die Fenster sind nicht zerbrochen, gib dich zufrieden mit dem, was wir haben." Aber die Frau schimpfte so lange, dass der Mann, um seine Ruhe zu bekommen, seine Axt nahm und hinaus in den Wald zu der Tanne ging. Kaum hatte er einmal daran geklopft, sprang der Kater Wiljiki Timofei Iwanowitsch herab und fragte: „Was wünschest du denn?"

„Ich wünsche eigentlich gar nichts, aber meine Frau ist mit unserem Häuschen nicht mehr zufrieden, sie will nun ein schöneres, größeres Haus haben."

35 „Geh nur heim", sprach der Kater, „jetzt hat sie es schon!" Und als der Bauer nach Hause kam, stand dort, wo sein nettes Häuschen gestanden, ein prächtiges Gutshaus*. In den Ställen grunzten die fettesten Schweine, wieherten die schönsten Pferde und im Hof lief das schönste Federvieh
40 umher. Nur die Frau war dieselbe geblieben.

Kaum sah sie ihren Mann, fing sie an zu schreien, schimpfen und zu keifen. „Da hat sich dein Kater ja angestrengt! Du gehst jetzt sofort in den Wald hinaus zu ihm. Ich will nicht mehr arbeiten. Ich will Fürstin sein und ein Schloss mit
45 Dienern haben."

„Frau", sprach das Bäuerlein ganz erschrocken, „wünsche dir das nicht! Gib dich zufrieden, du bist ja jetzt reich!" Aber die Frau schimpfte und keifte so lange, dass der Mann, um seine Ruhe zu bekommen, seine Axt nahm, hinausging in
50 den Wald und an die Tanne klopfte. Schon kam der Kater Wiljiki Timofei Iwanowitsch herab gesprungen und fragte: „Was wünschest du denn?"

* **das Gutshaus:** großes Bauernhaus

„Ich", sprach das Bäuerlein, „ich wünsch mir eigentlich gar nichts, aber meine Frau. Die will nicht mehr arbeiten. Sie will Fürstin werden und ein Schloss mit Dienern haben."
„Geh nur heim", sprach der Kater Wiljiki Timofei Iwanowitsch, „jetzt hat sie es schon!"
Und als das Bäuerlein nach Hause kam, da stand dort, wo vorher das Gutshaus gestanden hatte, nun ein Schloss mit Kuppeln und hundert spiegelnden Fenstern. Die Diener und Lakaien* liefen aus und ein, und seine Frau erkannte er beinahe nicht mehr, denn sie saß auf dem Sofa in Samt und Seide gekleidet und mit Gold und Silber behängt, aber sonst war sie die Gleiche geblieben.
Kaum sah sie ihren Mann, fing sie an zu schimpfen: „Meinst du, ich gebe mich mit den Almosen* deines Katers zufrieden? Gleich gehst du jetzt hinaus in den Wald und sagst dem Kater Wiljiki Timofei Iwanowitsch: „Ich will nun Zarin* sein und will im Kreml* wohnen! Der Kater Wiljiki Timofei Iwanowitsch, der soll mit einer goldenen Kette an eine silberne Säule gefesselt werden. Und wenn er herabklettert, so muss er mir ein Lied singen, und wenn er hinaufklettert, muss er mir ein Märchen erzählen."

* **der Lakai:** Diener
* **das Almosen:** Gabe an Arme
* **die Zarin:** mächtige russische Herrscherin
* **der Kreml:** russischer Regierungssitz

4 Wenn du dem Bauer in dieser Situation einen Rat geben dürftest, was würdest du ihm sagen?

Ich würde ihm raten, nicht mehr _____

„Frau", rief das Bäuerlein ganz erschrocken, „steh ab von diesem Wunsch, er bringt Unglück!" Aber es war sehr schwer, der Frau Fürstin zu widersprechen. Sie drohte ihrem Mann sogar, sie lasse ihn von ihren Dienern in den Kerker* werfen, wenn er nicht hingehe in den Wald.

Da nahm der Mann seine Axt und schlich traurig hin zu der Tanne. Kaum hatte er geklopft, sprang der Kater Wiljiki Timofei Iwanowitsch herab und fragte: „Was wünschest du denn?" „Ich", sprach das Bäuerlein, „ich wünsche eigentlich gar nichts, aber meine Frau! Sie will nun Zarin sein und im Kreml wohnen. Und du, Kater Wiljiki Timofei Iwanowitsch, sollst dann mit einer goldenen Kette an eine silberne Säule gefesselt werden, und wenn du herabkletterst, musst du ihr ein Lied singen, und wenn du hinaufkletterst, musst du ihr ein Märchen erzählen."

Da wurde der Kater riesengroß, seine Edelsteinaugen schossen Blitze und die goldenen Schnurrbarthaare zitterten, und er schrie mit einer Stimme wie Donner, dass man sie dreißig Werst* weit hörte: „Geh nur heim, sie hat es jetzt, wie sie es verdient!"

Und plötzlich war der Kater samt der Tanne verschwunden. Traurig schlich das Bäuerlein nach Hause und da stand dort, wo das Schloss gestanden hatte, zuvor das Gutshaus und zuvor sein nettes Häuschen, eine elende, baufällige Hütte. Als er durch die zerbrochenen Fensterscheiben sah, lag seine Frau in zerrissenem Pelzrock auf der Ofenbank und schlief.

* **der Kerker:** Gefängnis
* **dreißig Werst:** etwa 30 km

5 Ordne die folgenden Eigenschaften dem Bauer und seiner Frau zu und finde passende Beispiele für ihr Verhalten im Text. Gib die Zeilen an.

gierig, geduldig, zufrieden, unbeherrscht, machthungrig, gutmütig

Figuren	Bauer	Bäuerin
Eigenschaften		
Beispiele für ihr Verhalten		

6 Zahlen haben in Märchen oft eine besondere Bedeutung. Gibt es auch in diesem Märchen eine solche Zahl? Wenn ja, schreibe auf, in welchem Zusammenhang.

_____

_____

_____

7 Untersuche die Wünsche der Bäuerin und mache dir Notizen dazu.
Lege in deinem Heft eine Tabelle an.

Wunsch der Bäuerin	Worte/Reaktion des Katers	Erfüllung
größeres Haus	„jetzt hat sie es schon"	

8 Beurteile den Ausgang des Märchens.
Geht es deiner Meinung nach gut oder schlecht aus?
Schreibe so:

Ich finde, das Märchen geht gut/schlecht aus, weil _____

1 Lies auch das deutsche Märchen vom Fischer und seiner Frau. Welche Ähnlichkeiten mit dem russischen Märchen stellst du fest?
Wo gibt es Unterschiede? Mache dir Notizen in dein Heft.

Brüder Grimm

Vom Fischer und seiner Frau

Es waren einmal ein Fischer und seine Frau, die wohnten zusammen in einem Pisspott* nahe an der See. Der Fischer ging jeden Tag hin und angelte; er angelte und angelte.

So saß er eines Tages wieder einmal bei der Angel und
5 schaute immer in das klare Wasser hinein; und er saß und saß. Auf einmal wurde die Angel auf den Grund gezogen, tief hinunter, und als der Fischer sie heraufholte, hing ein großer Butt* daran.

Da sagte der Butt zu ihm: „Lieber Fischer, ich bitt dich, lass
10 mich leben! Ich bin kein richtiger Butt, ich bin ein verwunschener* Prinz. Was hilft dir das, wenn du mich totmachst? Ich würde dir doch nicht recht schmecken. Wirf mich wieder ins Wasser und lass mich schwimmen."

„Nu", sagte der Fischer, „du brauchst nicht so viele Worte zu
15 machen. Einen Butt, der sprechen kann, hätt ich doch wohl schwimmen lassen." Damit setzte er den Butt wieder in das klare Wasser, der ging auf den Grund und ließ einen langen Streifen Blut hinter sich. Der Fischer stand auf und ging nach Hause zu seiner Frau.

* **der Pisspott:** Nachttopf, *hier:* kleine, alte Hütte
* **der Butt:** platter Fisch
* **verwunschen:** verzaubert

„Mann", sagte die Frau, „hast du heute nichts gefangen?"
„Nein", sagte der Fischer, „ich habe einen Butt gefangen. Der sagte aber, er sei ein verwunschener Prinz, da hab ich ihn wieder schwimmen lassen."
„Hast du dir denn nichts gewünscht?", fragte die Frau.
„Nein", sagte der Mann, „was sollte ich mir wünschen?"
„Ach", rief die Frau, „das ist doch schlimm, wenn wir hier immer in dem alten Pott wohnen müssen. Da stinkt es und es ist so eklig. Du hättest uns doch ein hübsches Häuschen wünschen können. Geh noch einmal an die See, rufe den Butt und sag ihm, wir wollen ein kleines Häuschen haben. Der tut das bestimmt."
„Ach", sagte der Mann, „was soll ich da noch hingehen?" „Ei", sagte die Frau, „du hast ihn doch gefangen und hast ihn wieder schwimmen lassen, der tut das bestimmt. Geh gleich hin!" Der Mann wollte immer noch nicht. Weil es aber seine Frau durchaus wollte, ging er schließlich doch. Als er an die See kam, war das Wasser grün und gelb und gar nicht mehr so klar. Er ging hin und sagte:

„Manntje, Manntje, Timpe Te,
Buttje, Buttje in der See,
meine Frau, die Ilsebill,
will nicht so, wie ich wohl will."

Da kam der Butt angeschwommen und sagte: „Na, was will sie denn?" „Ach", sagte der Mann, „ich habe dich doch gefangen und wieder freigelassen, und nun sagt meine Frau, ich hätte mir etwas wünschen sollen. Sie mag nicht mehr in dem Pisspott wohnen, sie möchte gern ein kleines Häuschen." „Geh nur hin", sagte der Butt, „sie hat es schon."
Der Fischer ging nach Hause. Da stand nicht mehr der alte Pott, sondern ein kleines Häuschen, und auf einer Bank vor der Tür saß seine Frau. Sie nahm ihn bei der Hand und sagt zu ihm: „Komm nur herein und schau! So ist das doch viel besser!" Da gingen sie hinein, und im Häuschen war ein kleiner Vorplatz und eine hübsche kleine Stube und eine

55 Kammer, wo für jeden ein Bett stand, und eine Küche mit Speisekammer und alles auf das Beste eingerichtet, mit Zinnzeug und Messing*, wie sich das gehört. Hinter dem Haus waren ein Hof mit Hühnern und Enten und ein kleiner Garten mit Obstbäumen und Gemüse.

60 „Na", sagte die Frau, „ist das nicht nett?" „Ja", sagte der Mann, „so soll es bleiben. Nun wollen wir recht vergnügt leben." „Das wollen wir uns überlegen", antwortete die Frau. Dann aßen sie und gingen zu Bett.

So gingen wohl acht oder vierzehn Tage vorüber, da sagte
65 die Frau: „Hör, Mann, das Häuschen ist auch gar zu eng und Hof und Garten doch zu klein."

[...] Aber die Frau war noch immer nicht zufrieden, die Gier ließ sie nicht schlafen. Sie dachte darüber nach, was sie noch werden könnte. Der Mann schlief gut und fest, er hatte
70 am Tag viel laufen müssen. Die Frau aber konnte nicht einschlafen und warf sich die ganze Nacht von einer Seite auf die andere. Immer dachte sie darüber nach, was sie wohl noch werden könnte. Es fiel ihr aber nichts ein.

* **Zinnzeug und Messing:** Geschirr aus Metall

Als endlich die Sonne aufging und sie das Morgenrot sah, richtete die Frau sich im Bett auf und sah hinaus. „Ha", dachte sie, „kann ich nicht die Sonne und den Mond aufgehen lassen?" „Mann", sagte sie und stieß ihn mit den Ellenbogen in die Rippen, „wach auf! Geh zum Butt und sag ihm, ich will werden wie der liebe Gott!"
Der Mann war noch ganz verschlafen, aber er erschrak so, dass er aus dem Bett fiel. Er meinte, er hätte sich verhört, rieb sich die Augen und fragte: „Was sagst du?" „Mann", sagte sie, „wenn ich nicht die Sonne und den Mond aufgehen lassen kann, halt ich das nicht mehr aus, und ich hab keine ruhige Stunde mehr." Dabei sah sie ihn so böse an, dass ihn ein Schauder überkam. „Geh schnell, ich will werden wie der liebe Gott!" „Ach, Frau", sagte der Mann und fiel vor ihr auf die Knie, „das kann der Butt nicht. Kaiser und Papst kann er machen, ich bitte dich, geh in dich und bleib Papst!" Da geriet die Frau in Wut. Die Haare flogen ihr wild um den Kopf, sie trat ihn mit dem Fuß und schrie: „Ich halte das nicht aus! Willst du sofort hingehen?"

Da zog er seine Hosen an und lief wie von Sinnen* fort. Draußen aber ging ein Sturm und brauste, dass der Mann kaum auf den Füßen stehen konnte. Häuser und Bäume wurden umgelegt, die Berge bebten und Felsstücke rollten in die See. Der Himmel war pechschwarz, und es donnerte und blitzte. Die See ging in schwarzen Wogen, hoch wie

* **wie von Sinnen:** wie verrückt

Kirchtürme und Berge, und oben hatten sie eine weiße Schaumkrone. Da schrie er, und er konnte sein eigenes Wort nicht hören:

„Manntje, Manntje, Timpe Te,
Buttje, Buttje in der See,
meine Frau, die Ilsebill,
will nicht so, wie ich wohl will."

„Na, was will sie denn?", fragte der Butt. „Ach", sagte der Mann, „sie will werden wie der liebe Gott!" „Geh nur, sie sitzt schon wieder in dem alten Pisspott." Und da sitzen sie noch bis auf den heutigen Tag.

2 Erzähle die fehlenden Teile des Märchens. Die Bilder helfen dir dabei. Denke beim Erzählen daran, dass man den Zorn des Butts auch an der Farbe des Wassers erkennt.

3 Vergleiche nun beide Märchen und ergänze folgende Tabelle in deinem Heft.

Der Kater Wiljiki Timofei Iwanowitsch	Vom Fischer und seiner Frau
starke Frau, schwacher Mann	
im Wald	am See
Kater mit Zauberkraft	
drei Wünsche	

4 Welche dieser Redewendungen passt am besten zu den beiden Märchen? Kreuze an und begründe.

☐ Wer sich in Gefahr begibt, kommt darin um.

☐ Man soll nicht nach den Sternen greifen.

☐ Der Klügere gibt nach.

☐ Wie man in den Wald ruft, so schallt es heraus.

_____

_____

_____

_____

Lösungen Standard Deutsch 5/6 Leseheft · Märchen

SEITE 4

1 a) *So könnte deine Mindmap aussehen:*

SEITE 5

2 a) Der Förster gab ihm den Namen, denn der Junge war von einem Vogel geraubt worden.

2 b) *So könnte deine Lösung lauten:*
Hans im Glück, weil er das Glück hatte, gefunden zu werden, und eine neue Familie bekam.

SEITE 6

3 *Dies könnten deine Stichworte sein:*
Köchin will Fundevogel in Topf mit heißem Wasser kochen – deshalb wollen Kinder fliehen

SEITE 7

4 die Zahl Drei

SEITE 8

5 Sie versprechen sich, dass sie einander niemals verlassen werden.

SEITE 9

6 a)

Fundevogel	Lenchen
Rosenstöckchen	Röschen
Kirche	Krone
Teich	Ente

6 b) *So könnte deine Lösung lauten:*
Die beiden Kinder verwandeln sich in Dinge oder Tiere, wobei die Gestalt von Lenchen immer zur Gestalt vom Fundevogel passt.

Schiffchen – Segel
Hündchen – Knochen
Stamm – Baumkrone
Wiese – Blume
Vogelnest – Vogel

7 *Dies könnten deine Beispiele sein:*
Hänsel und Gretel: Die Hexe will Hänsel mästen und dann in einem großen Topf kochen.
Schneewittchen: Weil Schneewittchen die Schönste im Land ist, lässt die Königin sie einen vergifteten Apfel essen.
Rotkäppchen: Der Wolf lässt sich von Rotkäppchen zur Großmutter führen und frisst dann beide auf.
Dornröschen: Sie soll sich an einer verhexten Spindel stechen und sterben.

SEITE 10

1 a) *Dies solltest du markiert haben:*
„Vater, ich will hinausgehen und Holz hauen." (Z. 29 – 30) – Er ist fleißig.
Der Dummling aber bat, dass er's erlauben möchte, ... (Z. 32 – 33) –
Er ist beharrlich.
„Weil du ein gutes Herz hast und das Deine gern mitteilst, ..." (Z. 46 – 47) –
Er ist gutherzig und großzügig.

SEITE 12

1 b) *Diese Charaktereigenschaften solltest du eingekreist haben:*
gutmütig, fröhlich, hilfsbereit

1 c) *Dies könnte deine Lösung sein:*
dumm, unbeholfen, ungeschickt

SEITE 13

2
6 zwei Bauern
3 jüngste Tochter
4 Pfarrer
1 älteste Tochter
5 Küster
2 zweitälteste Tochter

SEITE 16

3 *So könnte dein Gesetzestext lauten:*

An das Volk!
Hiermit verspreche ich, König Wilhelm, demjenigen meine Tochter zur Frau zu geben, der es schafft, sie zum Lachen zu bringen.

4 a) <u>drei</u> Söhne, <u>drei</u> Brüder, <u>drei</u> Töchter, <u>drei</u> Schwestern, <u>drei</u> Aufgaben

4 b) Es waren insgesamt <u>sieben</u> Menschen, die hinter dem Dummling herliefen.

5 a), b) *Dies könnten deine Vorüberlegungen sein:*
Drei Figuren: armer Bauernsohn – schöne Prinzessin – böser Zwerg
Aufgaben: – mit einem Drachen kämpfen
          – sieben verschlossene Tore öffnen
          – die hässliche Hexe besiegen
Der böse Zwerg stellt die Aufgaben und trifft die Entscheidung.
Zur Belohnung bekommt der arme Bauernsohn die schöne Prinzessin zur Frau.
Der Bauernsohn und die Prinzessin heiraten und leben glücklich bis ans Ende ihrer Tage.

Dies könnte dein Märchen sein:

Der böse Zwerg
Es war einmal ein armer Bauernsohn, der mit seinen Eltern am Rande eines großen Waldes wohnte. Eines Tages kam ein Bote des Königs und verkündete, dass die Prinzessin entführt worden sei. Derjenige, der sie zurückbringt, solle sie heiraten. Der arme Bauernsohn beschloss, sie zu suchen. Am nächsten Morgen packte er das Nötigste in ein kleines Tuch, auch einen kleinen, rot schimmernden Stein. So machte er sich auf den Weg. Nach ein paar Tagen kam er tief im Wald an einer kleinen Hütte an. Ein kleiner grüner Zwerg mit böse funkelnden Augen öffnete die Tür. „Was hast du hier verloren?", fragte der Zwerg wütend. „Ich suche die Prinzessin, ich will sie zur Frau nehmen." Daraufhin lachte der Zwerg: „Die Prinzessin kann nur derjenige retten, der drei Aufgaben erfüllt. Zuerst musst du mit einem Drachen kämpfen, dann sieben verschlossene Tore öffnen und schließlich die hässliche Hexe besiegen. Das schaffst du niemals!" „Ich will es dennoch versuchen", antwortete der arme Bauernsohn. Als er vor der Drachenhöhle stand, rüttelte etwas in dem Tuch, in das er seinen Proviant gepackt hatte. Der rötlich schimmernde Stein hatte sich in ein Zauberschwert verwandelt. So konnte er den Drachen besiegen. Der Bauernsohn ging noch tiefer in den Wald, bis er zu einer alten Burg kam. Dort wohnte hinter sieben verschlossenen Toren die hässliche Hexe. Wieder rüttelte es in dem Tuch. Dieses Mal

fand er einen Schlüssel anstelle des rötlich schimmernden Steines. Mit dem Schlüssel konnte er die sieben Tore aufschließen. Nun musste er noch die hässliche Hexe besiegen. Diese war so hässlich, dass sie ihr eigenes Spiegelbild nicht ertragen konnte. Deshalb gab es keine Spiegel in der Burg. Abermals rüttelte es in dem Tuch und ein Spiegel befand sich darin. Als die Hexe auf den Bauernsohn zukam, griff er den Spiegel und hielt ihn ihr unter die Nase. Die Hexe erblickte sich darin, wurde ganz bleich im Gesicht, stieß einen lauten Schrei aus und wurde sodann nie wieder gesehen. Der Bauernsohn befreite die Prinzessin und brachte sie zurück zu ihrem Vater. Bald darauf heirateten sie und lebten glücklich bis ans Ende ihrer Tage.

6 *Dies könnten deine Notizen sein:*
– beide beginnen mit „Es war (einmal) …"
– es kommen magische Zahlen vor, z. B. 3 und 7
– es gibt Fantasiefiguren, z. B. eine goldene Gans
– Menschen haben besondere Fähigkeiten, z. B. können sie sich verwandeln oder einen Berg Brot essen
– das Gute kämpft gegen das Böse und gewinnt
– beide enden damit, dass das Paar noch viele Jahre glücklich und in Frieden lebt

SEITE 17

1 a) *Diese Stellen solltest du markiert haben:*
alte(n) Zeiten (Z. 1)
König: Töchter … Jüngste … schön (Z. 2–3)
dunkler Wald … ein Brunnen (Z. 6–7)
goldene Kugel (Z. 10) … ins Wasser (Z. 16)
weinen … (Z. 19)

SEITE 18

1 b)
Wer? eine schöne junge Königstochter
Wo? beim Brunnen unter einer alten Linde (im Wald neben dem Schloss)
Wann? in den alten Zeiten, wo das Wünschen noch geholfen hat
Was? Beim Spielen fällt ihr ihre goldene Kugel in den Brunnen, worüber sie sehr traurig ist.

2 *So könnte deine Antwort lauten:*
Vor langer Zeit, als viele der Märchen entstanden sind, glaubte man an Feen und andere Fantasiegestalten. Die Menschen nahmen an, dass sie Wünsche erfüllen konnten.

SEITE 19

3 a) Zuerst nennt sie ihn „alter Wasserpatscher" (Z. 26), weil sie nichts mit ihm anfangen kann. Dann bietet er ihr jedoch seine Hilfe an. Sie schmeichelt ihm und bezeichnet ihn als „lieber Frosch" (Z. 31–32).

4 a) Die Prinzessin möchte ihm ihre Kleider, Perlen, Edelsteine und ihre goldene Krone schenken.

SEITE 20

4 b) Der Frosch möchte als Gegenleistung der Geselle und Spielkamerad der Königstochter werden.

4 c) *Dies könnte deine Lösung sein:*
Er will nicht mehr in dem nassen und kalten Brunnen bleiben und wünscht sich, wie ein Prinz zu leben.

SEITE 22

5 *So könnte deine Antwort lauten:*
Der König möchte, dass seine Tochter ihr Versprechen hält.

SEITE 24

6 Der eiserne Heinrich ist der Diener des jungen Königs. Als sein Herr in einen Frosch verwandelt wurde, ließ sich der Diener drei Bande aus Eisen um sein Herz legen, weil er so traurig war. So konnte das Herz nicht vor lauter Traurigkeit zerspringen.

7

	Der Froschkönig (Grimm)	Der Froschkönig (Janosch)
Märchenfiguren	König, Königstochter, Frosch, Königssohn, Diener des Königssohnes	Froschkönig, Mädchen, alter Froschkönigsvater, Froschprinzessin
Orte des Geschehens	Brunnen im Wald neben dem Schloss, Schloss des Königs, Wagen des Königssohnes	kleiner Teich im Wald, Wasserschloss des Froschkönigs
wichtige Gegenstände	goldene Kugel	goldene Luftkugel
gegebene Versprechen	Der Frosch verspricht, dass er die goldene Kugel aus dem Brunnen holt.	Das Mädchen verspricht dem Froschkönig, dass sie ihm die goldene Luftkugel zurückbringt.
Forderungen	Er möchte dafür Geselle und Spielgefährte der Königstochter sein.	Sie verlangt dafür, dass er sie heiratet.

SEITE 25

1 *Dies könnten deine Notizen sein:*
- der Frosch ist ein König, dessen Reich sich in einem kleinen Teich befindet
- er spielt mit einer goldenen Luftkugel, fängt sie einmal nicht
- ein Mädchen kommt an das Ufer, möchte ihm helfen und ihn dafür heiraten
- dem Froschkönig gefällt das Mädchen nicht, aber er verspricht es
- das Mädchen bringt ihm die Kugel, der Frosch verschwindet im Teich

SEITE 26

2 a) *Diese Stellen solltest du unterstrichen haben:*
Das Mädchen … gefiel dem Froschkönig überhaupt nicht, … nicht besonders schön. … kurze Beine, … etwas zu dick, … Haare … wie Stroh. … dummes Zeug … nicht tauchen … nicht schwimmen, … ein Landmensch. (Z. 32–39)

2 b) *Dies könnte deine Lösung sein:*
Er wird das Mädchen vermutlich nicht heiraten, sondern sich die goldene Luftkugel nehmen und im Teich verschwinden.

SEITE 28

3 In dieser Fassung kann das Mädchen so sprechen, dass sie von den Fröschen verstanden wird.

SEITE 29

4 Lösung siehe Tabelle S. 6

5 a) *Dies könnte deine Lösung sein:*
- es geht zuerst eine goldene Kugel verloren
- am Anfang mag nur eine der Hauptfiguren die andere
- es wird etwas dafür versprochen, wenn die goldene Kugel zurückgebracht wird
- das Versprechen wird zunächst nicht eingehalten
- das hässliche Wesen verwandelt sich in eine schöne Gestalt
- die beiden Hauptfiguren heiraten

SEITE 30

5 b) *Dies könnte deine Lösung sein:*
- Grimm'sches Märchen: Eine hübsche Königstochter verliert eine goldene Kugel, ein hässlicher Frosch holt sie zurück.
  Märchen von Janosch: Hier ist der Frosch ein gut aussehender König und das Mädchen hässlich.
- Grimm'sches Märchen: Der hässliche Frosch fordert, an der Seite der Prinzessin zu leben.
  Märchen von Janosch: Das hässliche Mädchen verlangt vom Froschkönig, dass beide heiraten.
- Das Märchen von den Brüdern Grimm spielt bei den Menschen auf der Erde, das Märchen von Janosch dagegen in einem Teich bei den Fröschen.

5 c) In beiden Märchen spielt der alte König die gleiche Rolle.
Er besteht darauf, dass das gegebene Versprechen auch eingehalten wird.

6 a) *Dies könnte deine Lösung sein:*

ältere Ausdrücke/ Formulierungen bei den Brüdern Grimm	neuere Ausdrücke/ Formulierungen bei Janosch
Brüder Grimm:	**Janosch:**
liebstes Spielwerk (Z. 11–12)	liebstes Spiel (Z. 10)
Nun trug es sich einmal zu (Z. 13)	Und einmal – (Z. 11)
du schreist ja, dass sich ein Stein erbarmen möchte (Z. 22–23)	„Was jammerst du, Frosch?" (Z. 25)
ich kann wohl Rat schaffen (Z. 29–30)	
ich soll dein Geselle sein (Z. 36–37)	und sie verliebte sich in ihn (Z. 30)
und es war ihr ganz angst. (Z. 65–66)	
Sie zauderte (Z. 86)	
	ich sehe schon, du hast ihr den Kopf verdreht. (Z. 71)
	Die Liebe macht wohl blind und taub und verwirrt die Sinne. (Z. 86–87)
holte ihn herauf und warf ihn aus allen Kräften an die Wand (Z. 105–106)	nahm der schöne, grüne Froschkönig das Mädchen in den Schwitzkasten (Z. 97–98)

An der Sprache erkennt man, dass das Märchen von den Brüdern Grimm das ältere ist.

6 b) *So könnte deine Antwort lauten:*
Mir gefällt das Märchen „Der Froschkönig" von den Brüdern Grimm besser, da ich finde, dass ein Märchen in alter Sprache geschrieben sein sollte.

7 *Dies könnte euer Autorenporträt sein:*

Janosch

richtiger Name: Horst Eckert
geboren: 11. März 1931 in Hindenburg
lebt heute auf Teneriffa

Berufe: Illustrator, Kinderbuchautor und Schriftsteller

Werke:
Post für den Tiger
Oh, wie schön ist Panama
Ich mach dich gesund, sagt der Bär
Ich liebe eine Tigerente
Janoschs großer, kleiner Tigeratlas
Morgen kommt der Weihnachtsbär

SEITE 31

1 a) *Diese Stellen solltest du markiert haben:*
armer Prinz (Z. 1)
ein Königreich … ganz klein (Z. 1–2)
heiraten (Z. 3)
Rose und Nachtigall … Prinzessin (Z. 18)

SEITE 32

1 b)
Wer? ein armer Prinz
Wo? in einem kleinen Königreich
Was? Er will die Tochter des Kaisers heiraten und schenkt ihr deshalb eine süß duftende Rose und eine wunderschön singende Nachtigall.

SEITE 33

2 b) Die Rose gefällt ihr nicht, weil sie nicht künstlich ist.

2 c) Sie ärgert sich darüber, dass der Vogel lebendig ist, und lässt ihn frei. Den Prinzen will sie nicht sehen.

3 a) Er schmiert sich dunkle Farbe ins Gesicht und sucht beim Kaiser eine Arbeit.

SEITE 34

3 b) *So könnte deine Antwort lauten:*
Ich glaube, er nimmt die Arbeit an, damit er in der Nähe der Prinzessin ist.

4 a) *Diese Stellen solltest du markiert haben:*
sah vergnügt aus (Z. 74–75)
„Nun, was sagt er?", fragte die Prinzessin. (Z. 89)
„Was ist das doch für eine dumme Sache", sagte die Prinzessin (Z. 102–103)

SEITE 36

4 b)
Sie ist fröhlich.   Z. 74–75
Sie ist neugierig.   Z. 89
Sie ist eingebildet.   Z. 102

SEITE 38

5 a) Sobald der Topf kocht, läuten die Klingeln und spielen die alte Melodie „Ach, du lieber Augustin, Alles ist hin, hin, hin!". Hält man die Finger in den Dampf des Topfes, kann man die Mahlzeiten riechen, die in der Stadt gekocht werden.

Die Knarre ist eine Rassel. Wenn man sie schwingt, erklingen Walzer und Volkstänze.

5 b)

Geschenk	Eigenschaften
Rose	duftet süß
Nachtigall	singt schön
Topf	spielt die alte Melodie „Ach, du lieber Augustin"
Knarre	lässt alle Walzer und Volkstänze erklingen

5 c) Der Topf und die Knarre leben nicht, sondern sind künstlich.

SEITE 39

5 d) Er möchte einmal zehn und einmal hundert Küsse von der Prinzessin haben.

5 e) *Mögliche Beispiele:*
der Fosch in „Der Froschkönig", der Dummling in „Die goldene Gans"

SEITE 40

6 a) *Dies könnte dein Schluss sein:*
Sie gingen gemeinsam in das Königreich des Prinzen und er nahm sie noch am selben Tag zu seiner Frau. Die Hochzeit, die der Prinz auf seinem Schloss feiern ließ, war so schön und es kamen so viele Menschen, dass im ganzen Land davon gesprochen wurde. So erfuhr es auch der Kaiser. Als ihm klar wurde, dass seine Tochter keinen Schweinehirten, sondern einen Prinzen geküsst hatte, folgte er ihr nach und nahm sie wieder als seine Tochter an. Seit diesem Tage lebten sie glücklich für alle Zeit.

6 b) *So könnte dein Vergleich lauten:*
In meiner Fassung ist der Prinz glücklich, dass die Prinzessin ihn nun endlich heiraten möchte. Er veranstaltet noch am selben Tag eine wunderschöne Hochzeit auf seinem Schloss.

Im richtigen Schluss verachtet der Prinz die Prinzessin, weil sie ihn nicht wollte, als er als armer Prinz um ihre Hand anhielt. Stattdessen küsste sie den Schweinehirten, um an die Gegenstände zu kommen, die er angefertigt hatte.

SEITE 41

6 c) *Dies könnte deine Begründung sein:*
Weil ein Märchen in der Regel gut ausgeht und der Prinz und die Prinzessin heiraten.

7 *So könnte dein Flussdiagramm aussehen:*

Ein armer Prinz hält mit Geschenken um die Hand der Kaisertochter an.	→	Der Prinz gibt sich zu erkennen. Doch er heiratet die Prinzessin nicht, weil sie hochnäsig ist. Er lässt sie allein zurück.	←	Als der Kaiser das sieht, müssen beide sein Reich verlassen.
↓				↑
Der Prinzessin gefallen die Geschenke nicht. Sie möchte den Prinzen nicht sehen.	→	Der Prinz möchte der Prinzessin nahe sein. Er verkleidet sich und arbeitet als Schweinehirt beim Kaiser.	→	Der Schweinehirt baut eigenartige Gegenstände. Die Prinzessin möchte diese haben und bezahlt mit Küssen.

8 *So könnten deine Tagebucheinträge lauten:*
Sonntag:
Liebes Tagebuch!
Heute war ganz schön was los. Als ich, wie jeden Sonntag, mit den Hofdamen im großen Saal spielte, kam mein Vater mit zwei Dienern. Sie trugen zwei große Silberhüllen. Erst habe ich mich sehr gefreut. Es waren Geschenke für mich von einem schönen Prinzen! Er möchte mich heiraten. Doch was hatte er mir geschenkt? Eine echte Rose und einen lebendigen Vogel. Das ist unvorstellbar. Diesen Prinzen möchte ich nicht kennen lernen.

Montag:
Liebes Tagebuch!
Heute Abend hörte ich beim Spaziergang eine bekannte Melodie: „Ach, du lieber Augustin". Sie kam aus dem Topf des neuen Schweinehirten. Stell dir vor, wenn man die Finger in den Dampf des Topfes hält, kannte man riechen, was die Leute in der Stadt kochen. Diesen Topf musste ich haben. Aber der freche Kerl wollte dafür zehn Küsse von mir haben. Es war fürchterlich, aber ich küsste ihn zehnmal. Nun habe ich ein wunderbares Spielzeug.

Dienstag:
Liebes Tagebuch!
Heute ist etwas Furchtbares geschehen! Der Schweinehirt hat eine Rassel gebaut, die Walzer und Volkstänze spielt. Dafür wollte er 100 Küsse haben. Als ich mit dem 86. Kuss bezahlt hatte, erwischte uns mein Vater, der mich und den Schweinehirten aus dem Land jagte. Ach, ich arme Kaisertochter.

SEITE 42

1 *Diese Stellen solltest du markiert haben:*
Hunderte von Jahren … von Mund zu Mund weitergegeben (Z. 7–8)
wussten nicht viel über Welt (Z. 10–11)
glaubten … mächtige Geister. (Z. 16)
erzählten weiter … mischten mit eigenen (Geschichten). (Z. 20–21)
Hoffnung … alles zum Guten (Z. 38–39)

SEITE 43

2 Jahrhundertelang wurden Märchen mündlich erzählt. Später wurden sie aufgeschrieben.

3 Die Menschen konnten sich vieles noch nicht erklären und glaubten an Geister. Sie veränderten die Märchen so, dass diese in ihre Welt passten.

4 *So könnte deine Lösung lauten:*
Aschenputtel muss hart arbeiten und wird schlecht behandelt. Am Ende wird sie jedoch belohnt. Zwei Tauben helfen dem Mädchen, auf einem Fest in einem herrlichen Kleid zu tanzen. Der Prinz verliebt sich sofort in Aschenputtel und die beiden heiraten. Das Gute hat gesiegt.

SEITE 45

2 a) *So könnte deine Antwort lauten:*
Der Kater ist wahrscheinlich ein guter Zauberer, der Wünsche erfüllen kann.

2 b) *Mögliche Beispiele:*
das Männlein aus „Die goldene Gans", die Tauben in „Aschenputtel"

3 a) *Dies könnten deine Notizen sein:*
Bäuerlein geht wieder in den Wald, trifft Kater, wünscht sich schöneres Haus, Wunsch wird erfüllt, weil Bäuerlein beim ersten Mal so bescheiden war, Bauer und seine Frau leben glücklich in dem Haus

SEITE 47

4 *Dies könnte dein Rat sein:*
Ich würde ihm raten, nicht mehr in den Wald zu gehen. Die Frau wird sich bestimmt immer mehr wünschen. So wird es böse enden.

SEITE 49

5

Figuren	Bauer	Bäuerin
Eigenschaften	geduldig zufrieden gutmütig	gierig unbeherrscht machthungrig
Beispiele für ihr Verhalten	geht immer wieder in den Wald (Z. 28–29, Z. 47–50, Z. 79–80) braucht kein anderes Haus (Z. 24–27) wird nicht einmal wütend, als ihn seine Frau in den Kerker werfen lassen will (Z. 76–78)	möchte immer noch mehr (Z. 19–21, Z. 44–45, Z. 68–69) schimpft oft und will ihren Mann sogar in den Kerker werfen lassen (Z. 76–78) will Zarin werden (Z. 68–69)

6 Das arme Bäuerlein geht dreimal in den Wald, um die Wünsche seiner Frau erfüllen zu lassen.

SEITE 50

7

Wunsch der Bäuerin	Worte/Reaktion des Katers	Erfüllung
größeres Haus	„jetzt hat sie es schon"	prächtiges Gutshaus mit den fettesten Schweinen, den schönsten Pferden und dem schönsten Federvieh im Hof
Fürstin mit einem Schloss und Dienern	„jetzt hat sie es schon"	Schloss mit Kuppeln und hundert spiegelnden Fenstern, mit Dienern und Lakaien, Kleider aus Samt und Seide, Gold- und Silberschmuck
Zarin und im Kreml wohnen, der Kater soll mit einer goldenen Kette an eine silberne Säule gefesselt werden und abwechselnd ein Lied singen oder ein Märchen erzählen	„sie hat es jetzt, wie sie es verdient"	elende, baufällige Hütte mit zerbrochenen Fensterscheiben, einen zerrissenen Pelzrock und eine Ofenbank

8 *So könnte deine Lösung lauten:*
Ich finde, das Märchen geht gut aus, weil die Frau für ihr Verhalten bestraft wird. Sie ist nie zufrieden mit dem, was sie hat. Am Ende soll der Kater, der ihr den ganzen Reichtum ermöglicht hat, ihr Gefangener werden.

SEITE 51

1
Ähnlichkeiten:
Ehemann arbeitet und begegnet einem Wünsche erfüllenden Tier. Beide Männer sind bescheiden, doch die Frauen haben Wünsche. Die Wünsche der Frauen werden immer größer. Am Ende wollen beide Frauen mächtig sein. Der Fisch/Kater wird besonders beim letzten Wunsch sehr zornig. Schließlich sind die Eheleute wieder sehr arm.

Unterschiede:
Fischer statt Bäuerlein. Fischer angelt im Meer, Bauer hackt Holz im Wald. Die Wünsche werden von einem großen Fisch erfüllt, im russischen Märchen von einem Kater. Der Fischer ruft den Fisch mit einem Spruch, der Bauer schlägt die Axt gegen einen Baum.
Fisch ist ein verzauberter Prinz. Der Kater ist nicht verwunschen.
Bäuerlein geht dreimal in den Wald, der Fischer richtet fünf Wünsche an den Fisch.
Der Bauer und seine Frau haben am Ende noch weniger als vorher. Der Fischer und seine Frau haben die gleiche Hütte wie am Anfang.

SEITE 55

2 *So könnte deine Lösung aussehen:*
„Lass uns Könige werden über das ganze Land und in einem Palast leben und Diener haben", wünschte sich die Frau. Doch der Mann wollte nicht König sein. Seine Frau bestand darauf. Somit ging der Fischer wieder an die See und rief den Butt laut, um den Lärm der Wellen zu übertönen. Auch dieses Mal erfüllte er den Wunsch. Als der Mann nach Hause kam, saß seine Frau auf dem Thron. Doch auch das reichte der Frau noch nicht. Anschließend wollte sie Kaiserin und Papst werden. Jedes Mal rief der Mann den Butt. Die See wurde von Mal zu Mal dunkler, der Wellengang stärker und der Fisch größer.

SEITE 56

3

Der Kater Wiljiki Timofei Iwanowitsch	Vom Fischer und seiner Frau
starke Frau, schwacher Mann	starke Frau, schwacher Mann
im Wald	am See
Kater mit Zauberkraft	Fisch mit Zauberkraft
drei Wünsche	fünf Wünsche

4 Man soll nicht nach den Sternen greifen.

Dies könnte deine Begründung sein:
In beiden Märchen bekommen die Ehefrauen nicht genug. Sie sind nicht zufrieden und ihre Wünsche sind irgendwann so übertrieben, dass sie dafür bestraft werden und am Ende leer ausgehen.